법원상담의
실제

전주람, 한혜현

들어가는 글

이 책은 법원이라는 특수한 환경에서 상담을 어떻게 진행해야 하는지에 대한 가이드라인이 부족하다는 아쉬움에서 출발하였습니다. 가족학 전공자인 전주람은 2014년부터 법원에서 이혼 소송 및 협의 이혼을 신청한 부부, 청소년 위탁, 후견 상담, 부모 교육에 관한 상담위원으로 활동하며, 법원 상담의 기본 개념과 상담위원의 역할에 대한 가이드라인을 제공할 필요가 있다고 확신하였습니다. 그리고 부부 치료 전문가이자 서울가정법원 협의회 회장을 역임한 한혜현은 2012년부터 서울가정법원에서 이혼 소송 및 협의 이혼을 신청한 부부와 아동학대 사건 관련 가족 등 다양한 이슈에 대한 내담자를 상담해 왔습니다. 우리는 서울가정법원 협의회의 임원으로 활동하며, 상담 현장에서 고민하는 여러 이슈에 대해 동료 수퍼바이저 역할을 수행해 왔습니다.

2023년, 우리는 10년 이상 법원 상담위원으로 활동하면서 후배 상담위원들에게 '법원 (심리)상담'의 다양한 영역과 그 영역별로 내담자 문제를 상담하는 과정을 정리할 필요성을 느꼈습니다. 저희 두 연구자는 법원 상담의 기본 개념을 설명하고, 학습자와 저자 간의 상호작용의 중요성을 깨달았습니다. 예시를 통해 질문을 제시하고, 학습자가 스스로 그 질문에 답해보는 방식으로 교재를 구성하면, 더 많은 독자들이 쉽고 흥미롭게 책을 접할 수 있을 것이라 생각하였습니다.

　　그리하여 이 책은 오랜 시간 법원 현장에서 다룬 청소년 위탁보호, 면접교섭, 후견 상담 및 아동학대 상담에서 발생할 수 있는 여러 상황을 제시함으로써 후배 상담위원들이 상담위원의 역할에서 전문성을 발휘하고, 생각의 폭을 넓힐 수 있는 기회를 제공하고자 합니다. 이를 통해 이 책은 법원이라는 특수한 환경에 입문하는 초보 상담위원들이 법원 상담을 시작할 때 고민하는 문제들을 사례 중심의 이론과 기법을 통해 더 쉽게 적용할 수 있도록 돕고, 그들의 어려움을 조금이나마 덜어줄 수 있기를 기대합니다. 이 책을 통해 상담위원들이 왜 법원 상담을 선택했는지, 그리고 자신이 어떤 사람인지, 법원 심리상담에 적합한지를 탐색하는 과정이 되기를 바랍니다. 또한 상담사로서 쌓아온 임상 경험과 공부하면서 발전시킨 여러분만의 철학과 이론적 기반을 확고히 할 수 있는 창조적인 사고와 성찰의 기회가 되기를 희망합니다.

　　이러한 맥락에서 이 책은 법원상담 중에서 청소년위탁보호, 면접교섭, 후견 상담과 아동학대 네 가지 장에서의 법원 상담 프로세스와 상담위원의 역할을 자세히 이해할 수 있도록 해줄 것입니다. 이를 통해 기존의 법원 심리상담에 대해 궁금하였던 점을 이해하고, 각 영역의 상담에서 상담위원의 역할이란 도대체 무엇인지에 관한 인식제고의 전환점과 담론을 제공해 줄 것입니다. 그 사명감을 지닌 채, 두 연구자는 법원상담 중에서 일차적으로 <청소년위탁보호, 면접교섭, 후견 상담, 아동학대> 네 가지 주제로 공동 집필하였습니다. 이 주제들은 이 책에서 네 편의 구조로 전개될 것입니다.

1장에서는 청소년 위탁보호에 대한 기초적인 이해를 갖고자 하였습니다. 구체적으로 청소년들의 특성, 즉 그들의 문화, 일탈 행동, 정서적 특성 등 발달적 특징을 탐구하고, 소년보호 위탁보호처분이 필요한 이유와 소년보호 위탁보호위원의 역할 및 업무에 대해 살펴보았습니다. 이를 통해 독자 여러분들은 청소년 위탁보호위원들이 청소년 문제에 어떻게 접근하는지 이해할 수 있을 것입니다.

2장에서는 면접교섭 상담제도에 관해 논의하고자 합니다. 구체적으로 미성년자녀를 둔 부부의 면접교섭과 자녀양육상담이 어떻게 이루어져야 하는지, 그리고 면접교섭 상담위원의 역할은 무엇인지 살펴보겠습니다. 이를 통해 면접교섭 현장에서 상담위원들이 양육자와 비양육자를 어떻게 만나야 하는지에 대한 보다 명확하고 효율적인 이해를 얻을 수 있을 것입니다.

3장에서는 후견 상담의 절차와 방법에 관해 알아보고자 합니다. 구체적으로 후견 상담 위원이 거치는 상담 절차와 사례를 통해 학습하고, 후견 상담위원의 역할과 업무에 대해 예시를 통해 정리하였습니다.

4장에서는 아동학대 상담을 다루고자 합니다. 여기서는 학대피해 아동의 특성과 아동학대 행위자 및 가족을 위한 법원의 개입 등의 내용을 다룰 것입니다. 이를 통해 아동보호 상담위원으로 활동하는 상담사들이 자신의 역할을 보다 명확히 이해할 수 있을 것입니다.

이 책은 집필하는 과정에서 기존 연구물과 저자들의 상담 및 교육 현장 경험을 바탕으로 하였습니다. 두 저자는 논의를 거쳐 이

책의 내용을 구성하였습니다. 하지만 전주람과 한혜현은 법원이라는 현장에서 다양한 이슈들을 다루어 왔지만, 자신의 경험에 국한될 수밖에 없는 한계가 있습니다. 그럼에도 불구하고, 법원 심리상담에 대한 진지한 관심을 가진 두 명의 필자들은 향후 한국 법원 상담의 발전을 기원하며, 관련 연구물, 전문서적 및 현장 경험을 토대로 이 결과물을 내놓습니다.

이 책이 나오기까지 학문에 대한 열정을 키워주신 가족들과 법원 심리상담 분야의 발전을 위해 헌신하신 법원 관계자 및 선배 상담위원분들께 감사의 마음을 전합니다. 또한 부족한 연구자의 뜻을 헤아려 이 책의 출간을 도와주신 박영사 조정빈 대리님과 꼼꼼한 편집 과정을 도맡아 주신 조영은 대리님께도 감사드립니다. 또한, 표지에 어울리는 그림을 고민해주신 전주성 디자이너님께 감사드립니다. 이 책이 법원에 입문하는 상담위원들이 자신의 상담 영역에서 전문성을 발휘할 수 있도록 도움이 되기를 바랍니다.

2024년 10월
전주람, 한혜현

4

차례

PART 04 아동학대 상담

일러두기

1. 이 책에 등장하는 모든 사례는 가상의 인물 및 상황을 바탕으로 실제 상담 현장에서 상담을 어떻게 진행할 수 있는지를 설명하였습니다.

2. 전주람과 한혜현은 서울가정법원에서 상담위원으로 활동해오고 있으므로, 이 책에서 소개하는 상담 과정과 내용이 한국의 모든 법원에 적용되기 어려운 한계가 있음을 밝힙니다.

PART
01

청소년 위탁보호

법원에서 청소년 위탁은 주로 소년보호재판에서 이루어집니다. 소년보호재판은 19세 미만 소년의 범죄사건 등에 대해 소년의 환경을 변화시키고 성격과 행동을 바르게 하기 위한 보호처분을 내리는 재판을 말합니다(대한민국 법원 전자민원센터, 2024). 이러한 보호처분에는 보호자인 부모가 소년을 돌보도록 하는 것부터 소년원에 보내는 것까지 다양한 종류가 있습니다. 소년보호재판에서 가장 중요한 것은 개별 소년의 성격적, 심리적 특성뿐만 아니라 가족과 학교 환경 등을 잘 파악하여, 소년의 성격과 행동이 향상되도록 하는 것이 보호처분의 핵심입니다.

보호처분에는 여러 가지 종류가 있으며, 그중 대표적인 것이 감호 위탁입니다. 감호 위탁은 보호자나 보호자를 대신할 수 있는 사람에게 청소년을 맡기는 것입니다. 이 처분은 청소년이 가정에서 보호받을 수 있도록 하여, 기존 환경에서의 재범을 방지하고 올바른 성장을 도모하는 데 목적이 있습니다. 또한 청소년이 보호자가 없거나 보호자가 충분히 보호할 수 없는 경우, 법원은 위탁보호위원을 지정하여 청소년을 보호할 수 있도록 합니다. 위탁보호위원은 법원이 지정한 사람으로, 청소년의 보호와 교육을 담당합니다.

이 장에서는 청소년 보호위탁위원이 만나게 되는 청소년들의 발달적 특성과 문화적 특성에 대한 기본적인 이해를 바탕으로, 소년보호 위탁보호처분의 필요성과 소년보호 위탁보호위원의 역할에 대해 살펴보고자 합니다.

청소년, 그들은 과연 누구인가?

청소년기의 개념 및 특징

청소년(靑少年)은 어린이와 청년의 중간 시기를 말합니다(위키백과, 2024). 우리나라 청소년 정책의 기초가 되는 대한민국 청소년 기본법(시행 2024. 3. 26) 제3조(정의)에 따르면, 청소년의 연령은 9세 이상 24세 이하로 명시되어 있습니다. 청소년기(adolescence)라는 용어는 라틴어 'adolescere'에서 유래한 것으로, '성장함'을 의미합니다. 따라서 청소년기는 사회적, 정서적 차원에서 '완숙을 향해 성장하는 것'을 뜻합니다.

- **질풍노도의 시기(time of storm and stress)**

'강한 바람과 성난 파도'라는 뜻을 가진 이 시기는 청소년기를 잘 표현합니다. 청소년은 어른도 어린이도 아닌 주변인으로, 여러 면에서 좌절과 불만이 잠재하여 극단적인 사고와 과격한 감정을 자주 나타내며 정서적인 동요가 심합니다.

이 시기에 청소년은 혼돈, 갈등, 외로움 등의 감정을 경험하며 긴장과 혼란이 지속됩니다. 하지만 집단 관계(group relationship)에서 사회 적응 기술을 배우며 정서적 유대감과 안정을 찾기도 합니다.

- **제2의 탄생기**

청소년기에 자의식에 눈을 뜨고 자아(self)를 인식하게 되며, 자아 정체감을 형성하고 장래를 위한 준비를 하며, 부모로부터 심리적, 경제적으로 독립하려고 노력합니다.

청소년기는 어린이가 성인으로 성장하는 과정에서 겪는 생리적, 인지적, 사회적 변화가 시작되는 시기입니다.

첫째, 생리학적 부분에서 청소년기는 생식기관과 이차성징이 나타나기 시작하여 생식체계가 완전히 성숙할 때까지의 기간을 말합니다. 이 시기에 청소년들은 자신의 신체 변화에 따라 새로운 자기 개념을 형성해 나갑니다.

둘째, 인지적 부분에서 청소년기는 추상적 사고와 논리적 추리 능력이 발달하기 시작합니다. 이들은 정치, 종교, 철학 등에 관심을 가지게 되며, 자신을 객관적으로 바라보며 다양한 맥락에서 자신을 평가할 수 있게 됩니다.

셋째, 사회적 변화에 따라 청소년들은 부모와의 갈등을 겪으며, 또래 친구와의 활동을 선호하게 됩니다. 또한 외모에 대한 관심이 크게 증가합니다. 이처럼 청소년기에는 생리적, 인지적, 사회적 변화가 일어나며, 이러한 변화 속에서 균형과 조화를 이루어 건강한 방향으로 성장할 수 있도록 지원하는 것이 중요합니다. 이를 통해 건강한 청소년들이 건강한 사회를 구축할 수 있을 것입니다.

청소년기의 주된 특징을 요약하면 다음과 같습니다.

① **비동조의 동조**: 부모의 기준을 거부하고 또래 집단의 기준에 순응하는 경향을 보입니다.

② **성인과의 개방적 대화 감소**: 부모에게 질문을 받거나 자신의 일을 설명하는 것을 싫어하며, 성인과의 개방적 대화가 감소합니다.

③ **가족 모임에서의 격리**: 가족에 대한 저항감을 보이며, 가족보다는 친구들과의 시간을 더 선호합니다.

④ **외적인 수용성**: 유행하는 옷, 물건 등 외적인 것에 지나치게 집착하며, 부모에게 끊임없이 요구합니다.

⑤ **'나 홀로' 있기**: 자신의 방에서 혼자 시간을 보내며, 사생활 보호의 권리를 주장합니다.

⑥ **'나는 이미 다 알아!' 증후군**: 마치 자신이 모든 것을 다 알고 있는 것처럼 현학적인 태도를 보입니다.

⑦ **급격한 정서 변화**: 하루에도 여러 번 심리적 변화를 겪으며, 예측이 어려워 부모들의 대처가 어렵습니다.

⑧ **친구 관계의 불안정성**: 친구 관계가 불안정하여 오늘의 친구가 내일의 원수가 되기도 하며, 험담과 뜬소문이 오갑니다.

⑨ **신체적 예민성**: 급격한 신체 변화로 인해 신체에 대한 관심이 많고, 강박적 집착으로 밤을 지새우기도 합니다.

⑩ **외모의 관심**: 외모를 완벽하게 꾸미기 위해 몇 시간 동안 거울 앞에서 보내는 시간이 많습니다.

⑪ **정서적 잔인성**: 악질적인 소문 내기, 상처 주기, 왕따 시키기

등 다른 친구를 힘들게 하는 '정서적 잔인성'을 보입니다.

⑫ **현재 지향적 존재**: 부모가 자신의 미래에 대해 심각하게 토론하는 것을 부질없다고 생각하며, 그날그날의 즐거움을 지향하는 경향이 있습니다.

⑬ **꿈과 희망**: 백마 탄 기사 등의 꿈을 꾸며 현실을 부정하는 모습을 보입니다.

⑭ **강한 독립의 요구**: 자신에 관한 것은 스스로 결정할 수 있다고 믿으며, 부모에게 알리지 않고 결정하는 특성을 보입니다.

⑮ **실험적 기질**: 개인의 호기심 만족을 목적으로 성인의 행동 (예. 흡연, 음주, 성적 행동 등)을 따라 하는 특성을 보입니다.

청소년기 발달의 주된 특징

- **신체적 변화:** 청소년기에는 신체적인 성장과 발달이 가장 두드러집니다. 키의 성장과 몸무게의 증가뿐만 아니라, 생식기관이 성숙해집니다.

- **인지적 발달:** 추상적 사고와 논리적 사고가 발달하며, 미래에 대한 계획을 세우고 이행할 수 있는 능력이 향상됩니다.

- **정서적 변화:** 감정의 기복이 크며, 자아 정체성을 형성하는 과정에서 심리적인 안정과 불안이 번갈아 나타날 수 있습니다. 신체적 변화와 호르몬의 영향으로 인해 감정의 변화가 더욱 두드러집니다.

- **사회적 관계의 변화:** 친구 관계가 중요해지며, 동료들과의 관계에서 동일시와 분리의 과정을 겪습니다. 부모와의 관계에서는 독립성을 강조하면서도 안정감과 지지가 필요합니다.

- **자기 개념의 형성:** 자아 개념이 성숙해지면서 자기 인식과 자존감이 발달

하게 됩니다. 이 과정에서 자기와 타인 사이의 관계를 이해하고 자아를 발견하려는 욕구가 높아집니다.

• **도전과 위험 탐구:** 새로운 경험을 시도하고 도전하는 욕구가 강해집니다. 때로는 위험한 행동이나 사회적 행동에 대한 실험적인 탐구가 나타날 수 있습니다.

이러한 과도기적인 특징은 청소년 개개인에 따라 다를 수 있으며, 환경적인 요인과 개인의 경험에 따라 다양하게 나타날 수 있습니다. 이러한 변화는 같은 변화를 가지는 다른 청소년들과의 사이에서 생기는 문화에 영향을 끼칩니다.

청소년들의 뇌는 공사 중

뇌 전체에는 약 1,000억 개의 신경세포가 존재합니다. 그중에서 사고와 기억을 관장하는 것은 '생각하는 뇌'이며 영장류에만 존재하는 대뇌 신피질로서 그 세포의 숫자는 약 140억 개 정도가 있습니다. 이 대뇌 신피질의 발달은 생후 3세 때까지 80%의 발달을 이루고, 10세 때 90%, 20세가 되면 100%의 발달을 이룬다고 합니다. 생후 3세 때까지의 뇌 발달이 아주 중요하다는 점을 시사하고 있습니다.

시카고 대학 후텐로커 박사의 연구에 의하면 평생 뇌에서는 새로운 시냅스가 만들어지고 불필요한 시냅스는 제거된다고 합니다. 즉, 새로운 정보를 받아들이면 새로운 시냅스가 만들어지고, 자주 사용하지 않는 정보는 시냅스가 강화되지 않아 사라지게 됩니다. 이것을 '시냅스의 가지치기'라고 합니다.

청소년기에는 알고 있는 지식이 부족할뿐더러 뇌의 발달이 아직 미숙하지만 뇌의 시냅스는 폭발적으로 증가합니다. 겉으로 보기에는 아주 성숙해 보일지 모르겠지만 지적 능력이나 판단력과 같은 것은 아직 성숙한 단계라고 볼 수 없습니다. 일반적으로 12~14세부터는 추상적 개념과 논리적 사고를 시작하며, 이 시기의 아이들의 뇌는 대대적으로 '공사중'입니다. 아이의 자아와 개성이 형성되는 중요한 시기라고 할 수 있습니다. 이 시기를 집을 짓는 것으로 예를 들면 작은 집을 개편하여 큰집으로 바꾸는 과정이라고 할 수 있습니다.

정왕부(2017), 『내 나이의 성장을 위한 청소년 대화코칭』 中에서

청소년기 정서변화의 원인

청소년기에는 정서에 있어서 심리적으로 불안이 커지고 감정 변화가 심하며, 종종 극단적인 정서 경험을 하게 되고 퇴행적 행동을 하기 쉽습니다. 또한 정체성 혼란을 겪어 불안정한 상태의 정서를 갖게 되기도 합니다. 그리고 청소년들은 독립적인 생활을 추구하기 시작하고, 또래와의 친밀한 관계를 형성하면서 심리적, 사회적 지지를 얻는다는 특징을 가집니다.

청소년기 정서변화의 원인에는 다양한 호르몬의 변화, 인지적 발달로 인한 형식적 조작 능력의 획득 등이 있습니다. 첫 번째로 호르몬 분비는 신체 성장과 생식기능에 중대한 영향을 미칠 뿐만 아니라 인간의 정서와 감정 통제, 스트레스 조절에 있어 중요합니다. 호르몬의 변화 중 사춘기에 두드러지게 나타나는 것은 성선 자극 호르몬과 부신 호르몬의 변화가 있습니다. 이 두 가지 호르몬의 변화는 사춘기 시기의 신체 성장 및 이차성징과 깊게 연관 있으며, 나아가 정서변화에도 영향을 줍니다.

성선 자극 호르몬의 변화는 시상하부 – 뇌하수체 – 성선 축에서

일어나는 현상입니다. 시상하부에서 방출된 성선 자극 호르몬 방출 호르몬이 뇌하수체가 난포자극 호르몬과 황체화 호르몬을 분비하게 하고, 이 호르몬들은 난소와 고환의 성장을 촉진해 성 호르몬인 에스트로젠과 테스토스테론의 분비를 일으킵니다. 이렇게 이루어진 시상하부－뇌하수체－성선 축의 성숙은 이차성징 촉발 및 생식기능 획득의 결과를 불러오게 됩니다. 성선 자극 호르몬 변화의 준비 단계로 여겨지는 부신 호르몬의 변화는 부신피질에서 생성되는 주요 호르몬 중 하나인 안드로젠의 분비량이 늘어나는 현상입니다. 이는 약 6세에서 10세 사이에 시작되며 20대 초반이 될 때 이 현상이 극에 달해 안드로젠 수치가 정점에 이릅니다. 안드로젠은 액모와 음모, 땀샘의 변화 등의 이차성징을 일으키는 호르몬이므로, 이수치가 증가한다는 것은 이차성징이 활발하게 일어나고 있음을 말합니다.

앞서 설명한 성선 자극 호르몬과 부신 호르몬은 모두 스테로이드 호르몬에 속하여 뇌－혈관 장벽을 통과할 수 있는 특성을 가지며, 뇌에는 이 두 가지 호르몬의 수용체가 광범위하게 퍼져 있습니다. 따라서 이들은 뇌 구조 및 기능의 조절에 영향을 줄 수 있습니다. 특히 이 호르몬 수용체들이 다수 분포하는 시상하부, 편도체, 중격 핵, 해마 등은 뇌에서 감정과 지각을 담당하는 부분이므로, 이호르몬들의 변화가 곧 정서변화로 이어질 수 있습니다.

이러한 현상은 청소년기에 일어나는 인지적 발달 또한 정서변화의 원인 중 하나입니다. 청소년의 뇌는 구조적, 기능적 변화를 통해 아동기의 뇌에서 성인의 뇌로 점차 변화해 갑니다. 이 과정에서 회색

질과 백질의 변화, 시냅스 가지치기 등이 일어나며, 이를 통해 신경신호 전달의 효율성이 증가하고 다양한 뇌 회로가 효율적으로 작동할 수 있게 됩니다.

두 번째로 회색질과 백질의 발달을 통해 뇌에 두루 퍼져있던 비효율적인 신경망이 점차 전두엽－두정엽을 중심으로 수렴되며, 인지기능의 발달이 이루어지고 정서변화가 일어납니다. 이 시기에는 추상적 사고 능력, 가설검증 능력, 역지사지 능력 등이 발전하는데, 피아제는 이를 '형식적 조작기(formal operational period)'라 명명했습니다.

마지막으로 청소년기 정서변화의 원인은 생활 영역 및 대인관계 영역 확대입니다. 아동기에는 생활 대부분에 있어서 부모 또는 주변 어른들에게 의존하며 살았으나, 청소년기에 진입하면 부모보다는 또래 집단의 친구들을 통해 친밀감을 채우려는 욕구가 커집니다. 이에 청소년들의 생활 영역과 대인관계 영역은 아동기와 비교했을 때 상당히 넓어지고, 이런 변화 속에서 청소년들은 복잡한 적응과 선택의 문제들을 겪으며 다양한 정서를 경험하게 됩니다.

Q1 아동과 청소년의 신체적, 인지적, 정서적 특징들에 관해 '아는 것'은 중요할까요? 청소년 위탁보호 상담위원 및 상담 임상가들에게 청소년의 발달 특징을 아는 지식(knowledge)은 어떠한 의미가 있으며 상담 현장에서 어떻게 활용될 수 있을까요?

예시 40대 청소년위탁보호 위원의 답변

청소년의 성장 특징을 이해하는 것은 청소년 위탁보호 및 상담 임상가들에게 매우 중요합니다. 청소년기는 신체적, 인지적, 정서적으로 완성되지 않은 과도기적 시기이기 때문입니다.

첫째, 청소년기에는 이차 성징으로 인한 갑작스러운 신체 변화로 인해 불안정한 정서 상태를 보이게 됩니다. 이러한 시기에 청소년들이 겪는 정서적 혼란을 이해하고 안정시켜 나가는 것이 필요합니다.

둘째, 청소년기의 인지적 특징으로는 지적 능력의 발달, 자기중심적 사고, 도덕성 발달 등이 있습니다. 이러한 발달 단계를 이해하면 청소년들의 행동과 사고 방식을 이해하고 적절한 지도를 할 수 있습니다.

셋째, 청소년기의 정서적 특징은 개인차가 크고 기질과 환경에 따라 변화의 패턴과 결과가 달라질 수 있습니다. 긍정적 정서보다는 부정적 정서가 두드러지는 경우가 많은데, 이를 이해하고 적절히 대응하는 것이 중요합니다. 이처럼 청소년의 신체적, 인지적, 정서적 특징에 대한 이해는 교육 및 상담 현장에서 청소년들을 지도하고 상담하는 데 있어 중요한 가이드라인을 제시해 줄 수 있습니다. 이를 통해 청소년들이 혼란 없이 긍정적인 방향으로 성장할 수 있도록 도울 수 있습니다.

Q2 "왜 공부해야 하나요?"라고 한 청소년이 당신에게 질문한다면 무엇이라고 답해주겠습니까?

"왜 공부를 해야 하나요?"

"어느 대학 갈 거야?"를 수시로 묻고, 고3까지는 죽었다 생각하고 공부만 하라는 살벌한 말을 한다. […] 시험 계획 세우기, 집중력의 부재, 잠 부족 등 일반 학생들은 다양한 고민을 하고 있다. 그러나 더 큰 문제는 왜 공부해야 하는지에 대한 근본적인 성찰이 없다는 점이었다. […] 박재원 공부연구소 소장은 "사람 머리는 나에게 구체적으로 어떤 문제가 있는지 확인하는 순간 반드시 수정하게 되어 있다"고 말한다. 운동선수들은 경기 장면을 녹화했다가 모니터를 한다. 이번에는 자세가 나쁘다던가, 왼쪽 다리가 덜 뻗었다든지의 문제점을 구체적으로 파악하기 때문에 운동 방향과 목표도 아주 구체적이다. 그만큼 장단기적인 성과도 확실하다. 이처럼 문제가 막연하면 의지가 있어도 몸이 움직이지 않지만, 문제가 구체적이면 마음만 먹으면 고칠 수 있다.

EBS 학교의 고백 제작팀(2013).
EBS교육대기획 스스로 가능성을 여는 아이의 발견. 中에서

02

청소년의 일탈과 그들의 문화

청소년에 대한 큰 오해 중 하나는 누구나 그 시절에 대해 잘 알고 있다는 믿음입니다. 누구에게나 청소년기가 있었기 때문에 그렇게 생각하지만, 과연 그럴까요? 요즘 청소년들이 기성세대가 청소년이던 그 시절과 얼마나 다른지를 몇 가지 이슈로 기술하고자 합니다. 우선, 그들은 무엇 때문에 비행하는지 살피고, 그들의 일탈과 문화에 관해 알아봅시다.

그들은 왜 비행하는가?

청소년 비행(juvenile delinquency)이란 무엇일까요? 우리나라 「소년법」 제4조에서는 청소년 비행을 청소년에 의한 범죄 행위, 촉법 행위, 우범 행위로 제시하고 있습니다. 이처럼 법률적으로는 세 가지 의미가 있는데, 가정법원의 심판 대상이 되는 범죄소년(형벌 법령에 저촉된 행위를 한 14세 이상 19세 미만의 소년), 촉법소년(형벌 법령에 저촉된 행위를 한 10세 이상 14세 미만의 소년), 우범소년(10세 이상 19세 미만)이 있습니다(김춘경, 2016). 즉 우범소년은 나이대로 구분하는 것이 아니라 집단으로 몰려다니며 범법행위를 저지를 위험이 높은 소년을 뜻합니다. 그리고 세 가지 부류의 연령대로 알 수 있는 바는 10세 미만의 미성년자는 범죄를 저질러도 어떠한 처분도 받지 않는다는 사실입니다.

청소년 비행의 유형은 약물 비행(흡연, 음주), 사이버 비행(인터넷 도박, 불법 게임 아이템 거래 등), 폭력 비행, 성적 비행(성매매, 낙태 등), 지위 비행(가출, 무단결석 등), 재산 비행(절도, 금품갈취 등)으로 나눌 수 있고, 비행의 영향 요인으로는 부모(보호자)와의 관계, 도덕적 신념, 자기통제, 사회적 지지, 학대, 분노 조절, 반사회적 성향, 우울증, 비행 친구, 낙인 등이 있습니다.

청소년 비행을 설명하기 위한 이론으로는 일상활동 이론, 긴장 이론, 사회학습 이론, 자기통제 이론이 있습니다. 일상활동 이론은 일정한 환경적 여건이 있다면 누구나 비행을 할 수 있다는 관점입니다. 긴장 이론은 학업, 교우, 부모와의 문제로 인한 긴장이 비행으로 이어진다고 설명합니다. 사회학습 이론은 타인 혹은 미디어를 통한 학습으로 모방과 유사한 형식으로 비행이 발생한다고 봅니다.

마지막으로 자기통제 이론에서는 개인의 자제력 부족과 타인과 다른 성향으로 인해 비행을 쉽게 저지른다고 설명합니다. 비행에는 다양한 종류가 있으므로, 발생 원인 또한 다양합니다. 따라서 이러한 이론들을 적절히 활용하여 청소년 비행에 접근하는 것이 바람직할 것입니다. 즉, 청소년들은 교우 관계, 가족관계, 학업 등에서 오는 스트레스를 부모와의 갈등, 비행친구와의 어울림, 잘못된 도덕적 신념 등으로 인해 적절히 해소하지 못하여 비행을 저지르게 되는 것입니다.

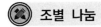

Q1 당신이 아래 김 군을 만난 위탁보호 상담위원이라면 일차적으로 어떠한 점에 초점을 두어 가이드하시겠습니까? 그 이유와 함께 논해봅시다.

사례 고1, 김 군(부모 이혼 후 모와 거주, 기초생활수급자, 배달 아르바이, 고등학교 자퇴)

"학교요? 안 갑니다. 배울 게 없어요. 부모님은 제가 어릴 때 이혼했는데, 저는 아버지 가끔 만납니다. 지금은 사고가 나서 병원에 계세요. 사고 나서요. 큰 사고는 아닌데 접촉 사고로 많이 다치셨어요. 대학은 갈 거에요. 한국에서 살아남으려면 이름 있는 대학 정도는 나와줘야 안 꿀리죠. 엄마랑은 얘기할 시간도 없어요. 아침 일찍부터 저녁까지 일하러 가세요. 고생하시죠. 저 때문에. 그래서 저도 배달 알바해요. 엄마 도와드려야죠. 아빠도 없는데. 아, 그때요? 뽑기방에서 열받게 하더라고요. 나이가 많은지 적은지는 중요하지 않죠. 한 대 후려갈겼습니다. 어깨를 툭 밀치고 가더라고요. 물론 그게 고의인지 아닌지 가려낼 방법은 없는 거 같아요. 어쨌든 그 형들이 저와 제 친구를 쳐서 저희도 팍 밀쳤어요. 그러다 싸움이 붙어서 친구가 미친 듯이 때리더라고요. 저도 놀랐는데, 그러다 보니 그쪽에서 세게 나와서 결국 저도 한 형의 얼굴을 쳤는데 코뼈가 부러진 거예요. 그런 일이 있다 보니 학교에서 완전 애들이 범죄자 취급하고. 그래서 다녀봤자 뭐하나 싶었던 거죠. 근데 대학을 가고 싶긴 해요."

청소년 문화: 디지털 세대, 육각형 인간

최근 청소년 문화에 대한 기사들을 통해 다양한 트렌드를 확인할 수 있습니다. 그중 한 가지 예를 들면, 코로나19 이후 청소년들의 불안과 스트레스가 증가하고, 야외 및 대면 활동이 줄어들면서 행복감이 감소한 것으로 나타났습니다.

청소년들은 코로나 종식 후 여행과 문화·예술 활동을 가장 하고 싶어 하는 것으로 조사되었습니다. 또한 청소년 문화와 관련하여 디지털 문화는 매우 강력한 키워드라고 할 수 있습니다. 청소년들에게는 디지털 기기 이용 능력이 높아지고 있습니다. 그들은 대부분 태어날 때부터 디지털 기기를 다루는 일에 익숙하지만, 몇몇 전문가들은 그들의 문해력이 떨어지고 있다고 지적하기도 합니다.

최근 '육각형 인간'이라는 신조어가 주목받고 있습니다(식품 저널, 2024). 수학적으로 둘레의 길이가 일정할 때 넓이가 최대가 되는 도형은 원입니다. 하지만 여러 개의 원을 연결하면 사이사이에 빈 공간이 생기기 때문에 공간 활용을 효과적으로 할 수 없습니다. 육각형의 벌집은 빈틈없이 연결된 구조로 인해 무려 30배에 달하는 양의 꿀을 저장할 수 있을 만큼 공간 활용도가 높고, 가장 균형 있게 힘을 분산하는 안정적인 구조로 평가받고 있습니다. '육각형 인간'이라는 트렌드는 완벽을 지향하는 사회적 압박을 견뎌야 하는 젊은이들의 활력과 절망, 그리고 하나의 놀이를 뜻합니다. 그들 세대 내부에서는 치열한 경쟁과 자기 검열의 스트레스가 진행되고 있으며, 그 끝에는 육각형 인간 같은 완벽한 모습이 있다는 설명이 있습니다. 이 말은 '개천에서 용 난다'는 표현이 이제는 구시대적이라는 것을 반영하며, 태어날 때부터 육각형 같은 완벽한 인간이 그들의 우상이 되었다는 뜻입니다. 이러한 사회 분위기는 청소년들의 사회적 비교와 열등감을 부추기며, 많은 청소년들의 자존감에 큰 타격을 주고 있습니다.

육각형 사람

'육각형 인간'은 최근 트렌드로 주목받고 있는 개념으로 외모, 학력, 자산, 직업, 집안, 성격 등 모든 면에서 완벽한 사람을 의미합니다. 이 용어는 헥사곤 그래프에서 모든 능력치가 육각형의 꼭짓점에 가까울수록 완벽하다는 이미지에서 유래되었습니다.

이러한 완벽함을 추구하는 경향은 특히 젊은 세대 사이에서 두드러지며, 자신을 더 나은 사람으로 만들기 위해 다양한 노력을 기울이는 모습을 보입니다. 그러나 전문가들은 이러한 완벽함을 추구하는 것이 오히려 스트레스를 유발할 수 있다고 경고하고 있습니다.

청소년들이 또래 혹은 관심 집단과 연결될 수 있는 가능성이 더욱 많아졌고, 관심 집단과 보내는 시간이 늘어남에 따라 가족이나 학교 등 청소년에게 큰 영향을 미치는 전통적 집단의 영향력이 줄어들었습니다. 관심사를 공유하고 서로가 쉽게 영향을 받는 경향을 보이는 청소년의 특성이 SNS에 큰 흥미를 느끼게 합니다. 인터넷상의 콘텐츠가 방대하다 보니 빠른 호흡으로 콘텐츠가 소비되고 순환됩니다.

인스타그램, 트위터, 오픈 채팅, 디스코드와 같은 SNS는 청소년의 의지가 존재할 때 청소년 또래만을 필터링해 인원을 받는, 감시되지 않는 충분히 폐쇄적이고 안락한 집단을 형성할 수 있는 수단이며, 시공간을 초월한 접근성으로 인해 이러한 집단은 의지만 존재한다면 충분한 지속성을 가지고 존속됩니다. 또한, SNS를 통해 형성한 집단은 입구는 다소 개방적일 수 있으나 운영 여지에 따른 집단의 폐쇄성으로 인해 청소년의 일탈 경로로 활용되는 경우가 잦습니다.

이를 해결하기 위한 법적 근거를 형성하기도 어렵고, 설령 근거를 구축해 규제가 시도되더라도 그를 억제하기 위한 법령 형성보다 일탈 방식의 특수적 분화가 더욱 빠를 것입니다. 청소년들의 집단에 대한 소속감 및 승인 욕구를 폐쇄적이고 특수한 집단이 강력한 유인으로 강화하는 만큼 이러한 현상 자체를 억제하기는 어려울 것으로 보입니다.

따라서 청소년들이 '건전한' 방향으로 강화될 수 있도록 유도하기 위해서는 그들의 역량을 강화하고, 보다 건강한 문화를 경험할 수 있는 동인을 자극할 수 있는 충분한 환경을 다각적으로 고려해야 할 것입니다.

(기사로 보는) 청소년들의 문화

• 청소년들의 아이폰 선호

현재 10대 청소년들 사이에서 가장 인기 있는 스마트폰 모델은 애플의 아이폰 시리즈입니다. 여러 기사에서는 아이폰을 사용하지 않는 학생들이 또래 집단에서 소외되는 현상에 대해 보도하고 있습니다. 40대 이상 연령층에서는 갤럭시 스마트폰이 가장 많이 쓰이고 있지만, 아이폰은 디자인 면에서 다른 스마트폰보다 앞선다고 평가받고 있습니다. 이로 인해 10대 청소년들 사이에서 아이폰의 인기가 높으며, 아이폰을 사용하는 친구들과 어울리지 못하는 것을 두려워하는 청소년들이 부모님께 아이폰을 달라고 요청하는 경우가 많습니다. 문제는 아이폰의 가격이 일반 스마트폰에 비해 비싸다는 점입니다. 이로 인해 부모들에게 경제적 부담이 될 수 있는 상황이 발생하고 있습니다.

조수아(2023), 학생 패션이 되버린 '아이폰', 광주드림, 2023.6.30.
https://www.kukinews.com/newsView/kuk202311130281

- **청소년 사이에서의 틱톡 유행**

현재 청소년들 사이에서 세계적으로 틱톡이라는 영상 플랫폼이 폭발적으로 유행하고 있습니다. 틱톡은 중국의 짧은 동영상 공유 플랫폼으로, 다른 플랫폼보다 영상 제작이 쉽고 젊은 세대들이 선호하는 짧은 동영상 형식으로 인해 전 세계적으로 인기를 끌고 있습니다. 이에 경쟁사인 유튜브도 쇼츠와 같은 유사한 서비스를 시작했습니다. 그러나 틱톡이 아이들에게 부정적인 영향을 준다는 연구 결과가 나오고 있으며, 틱톡 사용자의 개인정보가 중국 정부에 유출된다는 의혹을 받고 있습니다. 이에 따라 사회적으로 틱톡에 대한 우려가 큰 상황입니다. 이처럼 청소년들 사이에서 새로운 미디어 플랫폼이 급부상하고 있지만, 그에 따른 우려와 부작용도 함께 대두되고 있습니다. 청소년들의 미디어 이용 행태와 그에 따른 영향에 대한 면밀한 관찰과 대응이 필요할 것 같습니다.

박선혜, "사회 악영향 우려" 전 세계 틱톡 퇴출 확산… 한국은, 쿠키뉴스, 2023.11.13
https://www.kukinews.com/newsView/kuk202311130281

• 챌린지 문화

챌린지 문화는 MZ세대 사이에서 유행하는 것으로, 짧은 댄스 영상을 온라인 플랫폼에 올리고 플랫폼 이용자들이 마음에 드는 영상에 '좋아요'나 댓글을 다는 문화입니다. 이러한 평범한 챌린지는 청소년이 자신의 개성과 소질을 드러내거나 우정을 돈독히 하는 수단이 될 수 있습니다. 그러나 문제는 다치거나 목숨을 잃는 등 부작용이 잇따르는 위험하고 선정적인 챌린지도 함께 유행하고 있다는 점입니다. 전문가들은 "집단에 속하면서 사회화를 배우는 첫 단계인 아동·청소년 시기에 강한 소속감을 드러낼 수 있는 유행은 큰 힘을 가진다고 말합니다. 특히 아동·청소년기는 사회화 범위가 좁기 때문에 유행으로 인한 안도감과 소속감에 더 의존하는 경향이 있다"며, "유행에 동조하는 현상을 보이는 것은 청소년 시기의 특성상 당연한 흐름이고 이것 자체가 사회 문제를 일으킨다고 보긴 어렵다"고 말했습니다.

윤정훈(2023). "나를 더 인정해줘" 틱톡에 빠진 10대들, '인싸' 되려고 이런 '챌린지'까지
https://www.imaeil.com/page/view/20230427150610676O2

• 브이로그_K덕질의 시대

청소년 브이로그는 청소년들이 일상 생활에서의 경험을 비디오로 기록하고 소셜 미디어 플랫폼에 공유하는 콘텐츠입니다. "브이로그"는 "비디오 블로그"의 줄임말로, 일상 생활이나 특정 주제에 관한 경험을 비디오로 담아 공유하는 것을 의미합니다. 청소년 브이로그는 주로 젊은이들의 관심사나 일상 활동을 다루며, 그들이 겪는 다양한 경험을 통해 동감을 나누고 정보를 공유하는 데 사용됩니다. 이러한 청소년 브이로그는 주로 유튜브를 중심으로 활동하며, 해당 플랫폼을 통해 수많은 구독자들과 소통하고 정보를 공유합니다. 이를 통해 청소년들은 자신의 의견을 표현하고, 다른 이들과 소통하며 성장하는 기회를 가질 수 있습니다. 이는 청소년들의 자아 표현과 정체성 형성, 그리고 또래 관계 형성에 긍정적인 영향을 미칠 수 있을 것으로 보입니다.

(청소년들이 즐겨 쓰는) 줄임말

청소년 문화에서 줄임말 사용은 청소년들을 만나는 상담 및 교육자들에게 매우 중요한 부분입니다. 이를 더 자세히 살펴보겠습니다.

청소년들이 주로 사용하는 줄임말

- **버정:** 버스정류장
- **남아공:** 남아서 공부
- **오저치고:** 오늘 저녁에 치킨 고
- **어쩔티비:** 어쩌라고, 가서 티비나 봐
- **엄카:** 엄마 카드
- **반모:** 반말 모드
- **킹정:** 완전 인정
- **킹받네:** 완전 열받네
- **안물안궁:** 안 물어봤어, 안 궁금해
- **갑분싸:** 갑하지 분위기 싸해짐
- **TMI:** Too much information
- **존버:** 존나게 버팀
- **현타:** 현실 자각 타임
- **띵언:** 명언의 변형, 인상 깊은 말

- **취존:** 취향 존중
- **문찐:** 문화 찐따
- **알잘딱깔센:** 알아서 잘 딱 깔끔하고 센스 있게
- **에바:** 에바세바위의 줄임말, 너무 과하거나 지나친 상황을 표현
- **처돌이:** 처음부터 끝까지 돌았다의 줄임말, 어떤 일에 열정적으로 몰두하는 사람

조별 나눔

Q1 청소년들의 브이로그 활동에 관해 당신은 긍정적인 편입니까, 혹은 부정적인 편입니까? 그 이유에 관해 논해봅시다.

Q2 AI 콘텐츠의 진화 속도는 매우 빠른 듯합니다. AI를 통해 정보를 얻고, 그림을 그리고 글을 쓰는 등 청소년들의 일상에서도 AI는 깊이 파고들기 시작했는데요, 당신은 AI의 발전에 관해 어떠한 기대감이 있습니까, 혹은 우려가 있습니까? 자유롭게 의견을 나눠봅시다.

소년보호 위탁보호처분의 필요성은 크게 두 가지로 정리해볼 수 있습니다.

첫 번째, 비행의 원인에는 여러 가지 요인이 있겠지만, 보호소년에게 가장 큰 영향을 미치는 요인은 가정환경이라고 할 수 있습니다. 가정에서 발생하는 문제가 결국 소년의 심리와 행동에 영향을 미쳐 비행으로 표출된다고 할 수 있습니다. 가정환경은 크게 구조적 측면과 기능적 측면으로 나눌 수 있습니다. 구조적인 측면은 보호자가 모자 가족, 부자 가족, 조부모 가족 등과 같이 구조적으로 취약한 요소를 포함하고 있는 경우를 말하며, 기능적인 측면은 부모, 형제 등 가족 간의 유대관계, 보호자의 보호능력과 보호의지, 보호자의 훈육방식과 지도감독 등의 질적인 측면을 의미합니다.

두 번째, 실무상으로는 비행이 고착되지 않고 나이가 어린 소년들 가운데 보호자가 없거나 보호자가 있더라도 보호능력이 부족하거나 보호의지가 미약한 경우, 보호자의 훈육방식이나 지도방식이 보호소년에게 적절하지 않은 경우 보호자를 대신하여 위탁보호위원에게 감호를 위탁하는 처분을 결정하게 됩니다. 이처럼 소년보호 재판은 단순한 처벌이 아닌 소년의 건전한 성장을 위한 지원과 개선에 초점을 맞추고 있습니다.

소년보호 재판이란?

• **소년보호 재판의 개념**

소년법에 근거하여 10세 이상 19세 미만 소년의 범죄사건 등에 대하여 법원이 보호처분을 통해 소년의 품행을 바르게 하고 소년의 환경을 개선하려는 재판을 말합니다.

• **소년보호 재판의 목적**

소년보호 재판은 소년의 처벌을 목적으로 하는 것이 아닙니다. 비행을 저지른 소년에게 주변 환경을 개선하고 그 품행을 교정하여 건전하게 성장하도록 돕는 것이 목적입니다. 즉, 소년의 비행에 대한 처벌보다는 재비행의 방지와 환경조정이 최우선 목표라고 할 수 있습니다.

소년보호 재판의 대상

'소년보호 재판'과 관련하여 다음과 같은 소년의 유형을 정리해보면 다음과 같습니다.

• 14세 이상 19세 미만 소년이 죄를 범한 경우(보통 '범죄소년'이라고 합니다)
• 10세 이상 14세 미만의 소년이 형벌 법령에 저촉되는 행위를 한 경우(보통 '촉법소년'이라고 합니다)
• 10세 이상 19세 미만 소년 중에서, ① 집단으로 몰려다니며 주위 사람들에

게 불안감을 조성하거나, ② 정당한 이유 없이 가출하거나, ③ 술을 마시고 소란을 피우거나 유해환경에 접하는 버릇이 있고, 위 ①부터 ③까지의 어느 하나에 해당하면서 소년의 성격이나 환경에 비추어 앞으로 형벌 법령에 저촉되는 행위를 할 우려가 있는 경우 보통 '우범소년'이라고 합니다.

이처럼 소년 보호 재판에서는 소년의 연령과 행위의 성격에 따라 범죄소년, 촉법소년, 우범소년 등으로 구분하여 접근하고 있습니다.

* 10세 미만의 미성년자는 범죄를 저질러도 어떠한 처분도 받지 않습니다.

대한민국 법원 전자민원센터(2024). https://help.scourt.go.kr

위탁처분의 개념 및 처분절차

　소년부 판사는 소년법 제32조 제1항 제1호에 근거하여 소년보호 재판을 받는 보호소년을 위탁보호위원의 감호에 위탁할 수 있습니다.

　위탁보호 위원은 정신과 의사, 심리학자, 청소년 문제상담사, 사회사업가, 경찰관 등 학식과 덕망이 있는 사람 중에서 위촉됩니다. 위탁보호위원은 6개월간 월 2회 이상 보호소년의 주거지 등 적합한 장소에서 직접 면접하거나 전화, 전자메일 등을 활용하여 보호소년의 가정과 학교생활, 교우관계 등을 지도하게 됩니다.

　이를 통해 위탁보호위원은 보호소년의 환경과 행동을 면밀히 파악하고, 필요한 지도와 상담을 제공하여 보호소년의 건전한 성장을 지원하게 됩니다.

처분 절차

• 1단계: 법원의 처분

재판부에서는 소년의 주거지, 비행정도, 가정환경 등 제반사정을 참작하고, 위탁보호위원의 주거지, 경력, 직업 등을 고려하여 적당한 위탁보호위원을 선정하여 연계합니다.

* 소년보호재판의 보호처분의 내용과 정도는 형사재판과 달리 범죄사실 내용 및 양형 인자에 따라 결정되는 것이 아닙니다. 대신 소년의 성행(학생, 중퇴, 결석, 가출, 친구 관계, 학교생활 등), 소년의 가정환경(한부모, 조손 가정, 형제 관계, 가정폭력, 음주, 다문화·탈북 등), 보호자의 보호 의지나 능력(직업, 경제력, 생활 태도, 자녀에 대한 태도 등) 등 여러 환경 요인이 더 중요하게 고려됩니다. 또한 소년보호 재판에서 보호처분을 받더라도 전과가 되지 않고, 소년의 장래의 신상에 아무런 영향을 미칠 수 없습니다.

• 2단계: 결정문 및 자료 송부

선정된 위탁보호 위원에게 우편 등의 방법으로 처분결정문 및 감호보고서 양식, 비용청구서 양식, 기타 참고자료를 송부합니다.

• 3단계: 감호보고서 및 비용청구서 제출

보호소년을 위탁받은 위탁보호 위원은 6개월 동안 상담 및 교육, 생활지도 등에 대한 감호보고서 및 비용청구서를 정기적으로 (월 1회) 재판부에 제출합니다. 또한 위탁기간 중 보호처분변경이 필요한 경우 재판부에 신청합니다.

- **4단계: 처분의 종료 , 위탁 기간의 연장**

위탁처분은 기간의 종료 , 소년부 판사의 종료결정, 처분변경 결정 등에 의해 종료될 수 있습니다. 위탁기간은 원칙적으로 보호처분결정일로부터 6개월이나, 1회에 한해 6개월 범위 내에서 기간연장 가능하며, 위탁보호위원은 기간연장 , 위탁종료 , 처분변경에 관한 의견을 제시할 수 있습니다.

🧠 생각 나눔

Q1 (공갈, 폭행에서 벗어나) 다시 마음을 잡고 학교에 다니는 김군(중2, 남)이 있다고 가정해봅시다. 그런데 최근 김군은 성폭행 사건과 관련하여 8호 처분을(1개월 이내의 소년원 송치) 받게 되었습니다. 김군의 모는 다시 희망이 꺾이는 마음인데요, 김군의 어머니가 당신에게 상담을 요청해온다면, 어떠한 상담적 개입을 하시겠습니까 ?

Q2 10세 미만의 미성년자는 범죄를 저질러도 어떠한 처분도 받지 않습니다. 이 법률에 관해 당신은 적절하다고 생각하십니까?

소년보호 재판의 대상 및 보호처분의 종류, 내용

소년보호 재판의 대상은 다음과 같다.

구분	대상자	연령
범죄소년	죄를 범한 소년	14세 이상 19세 미만
촉법소년	형벌 법령에 저촉되는 행위를 한 소년	10세 이상 14세 미만
우범소년	아래에 해당하는 사유가 있고 성격이나 환경에 비추어 앞으로 형벌 법령에 저촉되는 행위를 할 우려가 있는 소년 - 집단적으로 몰려다니며 주위 사람들에게 불안감을 조성하는 성벽이 있는 것 - 정당한 이유 없이 가출하는 것 - 술을 마시고 소란을 피우거나 유해환경에 접하는 성벽이 있는 것	10세 이상 19세 미만

종류	내 용	기간 (연장)	적용연령
1호	보호자 또는 보호자를 대신하여 소년을 보호할 수 있는 자에게 감호 위탁(보호자 및 위탁보호위원 처분도 가능)	6개월 (6개월 연장 가능)	10세 이상
2호	수강명령	100시간 이내	12세 이상
3호	사회봉사명령	200시간 이내	14세 이상
4호	단기 보호관찰	1년	10세 이상
5호	장기 보호관찰	2년 (1년 연장가능)	10세 이상
6호	아동복지법상의 아동복지시설이나 그 밖의 소년보호시설에 감호 위탁	6개월 (6개월 연장가능)	10세 이상
7호	병원, 요양소 또는 보호소년 등의 처우에 관한 법률에 따른 소년의료보호시설에 위탁	6개월 (6개월 연장가능)	10세 이상
8호	1개월 이내의 소년원 송치	1개월 이내	10세 이상

9호	단기 소년원 송치	6월 이내	10세 이상
10호	장기 소년원 송치	2년 이내	12세 이상

소년보호 재판의 각 호 처분의 구체적인 내용은 다음과 같습니다(대한민국 전자민원센터, 2024).

1호 처분

소년보호 재판에서 내려지는 처분 중 하나는 보호자 또는 보호자를 대신하여 소년을 보호할 수 있는 사람에게 감호(보살피고 보호함)를 위탁하는 것입니다. 여기에서 보호자란 법률상 감호교육을 할 의무가 있는 사람 또는 현재 감호하는 사람을 말하며, 부모, 동거하는 고용주 등이 이에 속합니다.

보호자에게 감호를 위탁하는 처분은 사실상 보호소년을 종래의 환경에 그대로 돌려놓는 것이지만, 법원의 결정에 따라 보호소년의 감호를 위탁하는 것으로서 보호자에 대한 주의의무를 환기시키는 의미가 있습니다. 또한 보호자에 대한 특별교육명령을 함께하여 보호자를 교육할 수 있습니다.

소년부 판사는 보호자에게 소년에 관한 보고서나 의견서를 제출하도록 요구할 수 있고, 소년의 감호에 관한 지시를 할 수도 있습니다. 또한 소년부 판사는 그 위탁기간 중에 보호처분의 내용을 다른 보호처분으로 변경할 수 있습니다.

소년에게 보호자가 없거나 보호자가 있더라도 소년을 충분히 감호하기 어려운 경우 등에는 '보호자를 대신하여 소년을 보호할 수 있는 사람'에게 감호를 위탁할 수 있습니다. 이러한 '보호자를

대신하여 소년을 보호할 수 있는 사람'을 보통 '위탁보호위원'이라
고 부릅니다.

2호 처분

소년에게 일정한 내용의 강의를 듣도록 명령하는 처분입니다.
소년부 판사는 강의를 들어야 할 총 수강시간과 집행기한을 정하여
결정하며, 수강할 강의의 종류나 방법 및 그 시설 등도 지정할 수
있습니다.

현재 수강명령을 집행하는 기관으로는 보호관찰소 외에도 다
음과 같은 곳들이 있습니다. 이러한 기관들에서 소년들이 필요한
강의와 상담을 받도록 하여 건전한 성장을 도모하는 것이 수강명령
의 목적입니다.

청소년폭력예방재단(http://www.jikim.net)
서울특별시립청소년상담지원센터(http://www.teen1318.or.kr)
사단법인 탁틴내일 부설 내일청소년상담소(http://www.tacteen.net)

3호 처분

소년에게 일정한 내용의 사회봉사를 하도록 명령하는 처분입
니다. 소년부 판사는 총 사회봉사의 종류, 방법과 집행기한을 정합
니다. 이를 통해 소년이 자신의 잘못을 반성하고, 사회에 대한 책임
감을 기를 수 있도록 하는 것이 사회봉사명령의 목적입니다.

4호 처분

보호관찰은 그 기간에 따라 단기 보호관찰과 장기 보호관찰로 나뉩니다. 보호관찰은 그 기간에 따라 단기 보호관찰과 장기 보호관찰로 나뉘는데, 단기 보호관찰은 1년입니다. 보호관찰은 보호소년이 정상적인 사회생활을 할 수 있도록 하면서 전문가인 보호관찰관의 지도, 감독과 원호 등을 통하여 소년을 바르게 자라도록 하는 보호처분입니다. 보호관찰은 소년이 사는 것을 관할하는 보호관찰소의 보호관찰관이 담당하고 있습니다.

5호 처분

장기 보호관찰은 단기 보호관찰과 유사한 내용으로 진행됩니다. 단기 보호관찰 기간이 1년인데 비해, 장기 보호관찰 기간은 2년입니다. 또한 장기 보호관찰은 1년의 범위에서 한 번 연장할 수 있습니다. 즉, 장기 보호관찰은 단기 보호관찰과 마찬가지로 보호소년이 정상적인 사회생활을 할 수 있도록 하면서, 전문가인 보호관찰관의 지도, 감독과 원호 등을 통해 소년을 바르게 자라도록 하는 보호처분입니다. 다만 단기 보호관찰에 비해 보호관찰 기간이 더 길다는 점이 다릅니다.

6호 처분

이 처분은 「아동복지법」에 따른 아동복지시설이나 그 밖의 소년보호시설에 소년의 감호를 위탁하는 것입니다. 일정한 시설 내에 수용을 하도록 명령하는 보호처분이라는 점에서 1호부터 5호까지의 처분과는 다릅니다. 또한 그 수용시설이 소년원 같은 공적시설이 아닌 사적 시설이라는 점에서 8호부터 10호까지의 소년원 송치처분과도 구별됩니다. 이를 통해 소년이 시설 내에서 보호와 교육을 받으며 건전한 사회인으로 성장할 수 있도록 하는 것이 이 처분의 목적입니다.

현재(2019. 2. 1.) 서울가정법원이 위촉한 6호 처분의 집행기관은 다음과 같습니다.

보호치료시설 효광원(http://www.hyokwang.or.kr)
나사로 청소년의 집(http://www.nasaro.or.kr)
살레시오 청소년센터(http://isalesio.net)
로뎀청소년학교(http://www.rothemschool.kr)
마자렐로센터(http://www.mcmain.or.kr)
재단법인 돈보스코 센터(http://www.youthbosco.net) 등

7호 처분

소년보호 재판의 보호처분 중 하나는 소년을 병원, 요양소 또는 「보호소년 등의 처우에 관한 법률」에 따른 소년의료보호시설에 위탁하는 처분입니다. 이 처분은 소년에게 정신질환이 있거나 약물남용을 한 경우와 같이 의학적인 치료와 요양이 필요할 때 내려지는 것입니다. 이를 통해 소년이 전문적인 의료적 처치와 요양을 받을 수 있도록 하여, 건강한 사회구성원으로 성장할 수 있도록 돕는 것이 이 처분의 목적입니다.

8호 처분

이는 1개월 이내의 짧은 기간 동안 소년원에 송치하는 처분입니다. 단기간 동안 집중적인 교육 프로그램을 통하여 소년원 수용기간을 최소화하면서도 교육의 효과를 최대한으로 높이기 위한 처분입니다. 보호처분 결정에서 입교할 소년원과 입교할 날짜를 정하면, 정해진 날짜에 해당 소년원에 입교하게 됩니다. 만약 보호처분 결정에서 입교할 날짜를 별도로 정하지 않으면, 보호처분 결정을 하는 날 바로 소년원에 입교하게 됩니다. 이를 통해 소년에게 단기간의 집중적인 교육을 제공하여 건전한 사회구성원으로 성장할 수 있도록 하는 것이 이 처분의 목적입니다.

9호 처분

이는 단기로 소년원에 송치하는 처분입니다. 단기로 소년원에 송치된 소년의 보호기간은 최장 6개월입니다. 소년원에 수용된 보호소년은 각자의 특성에 따라 학교교육을 계속 받거나 직업훈련을 받게 됩니다. 이를 통해 소년이 건전한 사회구성원으로 성장할 수 있도록 돕는 것이 이 처분의 목적입니다.

10호 처분

이는 장기로 소년원에 송치하는 처분입니다. 장기로 소년원에 송치된 소년의 보호기간은 최장 2년입니다. 소년원에 수용된 보호소년은 각자의 특성에 따라 학교 교육을 계속 받거나 직업훈련을 받게 됩니다. 이를 통해 소년이 건전한 사회구성원으로 성장할 수 있도록 돕는 것이 이 처분의 목적입니다.

보호처분 결정의 효력

• 소년의 보호처분은 그 소년의 장래 신상에 어떠한 영향도 미치지 않습니다 (소년법 제32조 제6항). 이는 소년의 장래에 불이익을 주지 않음으로써 소년이 새로운 생활을 잘 할 수 있도록 도우려는 것입니다.

• 보호처분 결정은 결정이 내려지면 곧바로 집행하게 됩니다. 만약 결정에 대하여 승복하지 못하여 항고를 하더라도 그 집행이 정지되지 않습니다.

• 보호처분을 받은 소년에 대하여는 같은 사건으로 다시 공소를 제기하거나 소년부에 송치할 수 없습니다.

보호소년과 보호자의 의무

　　보호소년은 위탁보호 위원의 지도에 따라 주거지에 상주하고 학업에 열중하는 등 청소년의 신분에 맞는 바른생활을 하도록 노력해야 합니다. 또한 위탁보호 위원과의 면담 약속을 잘 지켜야 합니다.

　　보호소년의 보호자 또한 위탁보호 위원의 원활한 상담과 지도가 이루어질 수 있도록 협조해야 합니다. 만약 보호소년이 위탁보호 위원의 지도에 따르지 않으면, 소년부 판사는 소년법 제33조 제1항에 따라 6개월의 범위 내에서 위탁 기간을 연장하거나, 동법 제37조 제1항에 따라 다른 중한 처분으로 보호처분을 변경할 수 있습니다.

04 소년보호 위탁보호위원의 역할 및 업무 🏛

위탁보호 위원은 보호자를 대신하거나 보조하여 소년을 보호하고, 생활을 지도·감독합니다. 6개월 동안 지도, 상담 및 교육적 조언을 제공합니다. 통상 월 2회 정도 보호소년을 면접·관찰하여 가족 및 친구 관계, 학교생활 등 생활 전반을 지도하고, 상담과 교육적 조언을 통해 보호소년이 마음을 정비하고 재비행에 연루되지 않도록 원조합니다. 원칙적으로 보호소년의 주거지, 기타 인접 장소에서 직접 면접하여 지도하고, 부득이한 경우 유선이나 전자메일 등을 이용합니다.

상담 및 교육을 통해 보호소년의 정서를 순화하고 심리적으로 지원합니다. 멘토로서 재범을 예방하고 진로를 개선하여 더 나은 삶에 대한 희망을 제시합니다. 이후 보호소년에 대한 면접·관찰 결과를 감호보고서에 기재해 1개월마다 소년부 판사에게 보고해야 합니다. 이와 관련된 규정은 소년법 제36조, 소년보호 절차에 관한 예규 제11조, 위 내규 제6조, 제7조입니다.

위탁보호 위원의 세 가지 역할

• 위탁보호 위원은 보호자를 대신하거나 보조하여 소년을 보호하고, 생활을 지도 · 감독합니다.

• 상담 및 교육을 통해 보호소년의 정서를 순화하고 심리적으로 지원하는 역할을 합니다.

• 멘토로서 재범을 예방하고 진로를 개선하여 더 나은 삶에 대한 희망을 제시하는 역할을 합니다.

조별 나눔

Q1 당신은 청소년 위탁보호위원의 역할 중에서 무엇이 가장 중요하다고 생각하십니까? 그 이유는 무엇입니까?

Q2 청소년 위탁보호위원이 윤리적으로 갖추어야 할 태도에 관해 논의해 봅시다.

마지막으로 가상의 인물 김솔솔(가명)을 통해 어떻게 위탁보호가 어떠한 과정으로 진행될 수 있는지, 위탁보호 위원의 역할은 무엇인지에 관해 예시를 소개하고자 합니다.

엄마의 보호자인 딸

이름: 김솔솔(가명)

나이 및 성별: 18세, 여

위탁보호 기간: 총 8개월

행위 개요:
피의자 김솔솔은 2019년 9월 A씨에 대해 자신의 팔을 잡은 A씨의 팔을 뿌리치고, 자신을 잡으려 하는 A씨의 팔을 양손으로 2회 쳐내는 방법으로 폭행한 바 있습니다.
또한 김솔솔의 모는 이혼 후 모의 역할을 충분히 감당하기 어려운 심리적 상태입니다. 이에 따라 위탁보호위원은 6개월의 상담 과정을 통해 김솔솔이 예비 사회인으로 성장해 나갈 수 있도록 조력할 필요가 있었습니다.

가족 사항: 모와 둘이 거주중입니다.

신체 사항:
- 운동을 즐겨하고 체육대학을 꿈꾸고 있을 만큼 건강한 편이다.
- 최근 남자 친구와의 관계에서 낙태 경험이 있고, 디스크, 자궁 염증 관련하여 수술도 받았다. 하지만 상담 당시 건강은 회복되어 가는 상태이며, 일상생활에 문제는 없었다.

* 면담은 매달 총 3회 진행하였습니다.

첫 번째 달

1회기

김솔솔과의 첫 전화 면담에서는 주로 현재 학업 환경에 대해 파악하였습니다. 구체적인 가족관계나 심리적 상태에 관해서는 추후 면담 시 이야기하기로 하였습니다.

김솔솔은 또렷한 목소리로 자신의 생각과 의사를 분명히 전달하는 편이었습니다. 그리고 자신이 신체적으로 허리 문제가 있음을 말하며, 그럼에도 불구하고 대입 성공을 위해 노력하고 있다고 보고하였습니다. 향후 6개월간 김솔솔이 어떤 목표를 가지고 어떤 활동을 하는 것이 좋을지 다음 면담 시 함께 논의하기로 하였습니다.

2회기

김솔솔은 상담 과정에서 그간 겪었던 고통들을 털어놓았습니다. 입시로 인한 고민과 자궁 관련 수술 등의 어려움을 겪었다고 말했습니다.

그녀는 대학입시 등 현실적인 문제들을 간단히 묻고, 가족관계(모와 둘이 지냄, 오빠는 결혼하였고, 아버지는 3세부터 떨어져 살고 있음)에 대해서도 보고했습니다.

신체적 한계로 인해 원하는 대학에 가지 못하는 점에 대해 크게 실망하고 있었지만, 포기하지 않고 자신에게 가능한 대학을 찾아나가고 있었습니다.

상담 과정에서 김솔솔은 '나'를 찾고 싶다고 말하며, 자아정체성을 찾아 건강한 예비 사회인으로 성장할 수 있도록 조력해 달라고 요청했습니다. 이를 위해 자신의 심리 내적 자원을 탐색할 수 있는 과제를 주며 자신의 감정을 적어오도록 하였습니다.

3회기

상담 중 김솔솔의 근황을 확인하고, 이전에 제공한 과제(나의 강점 찾기 워크시트)를 잘 수행하였는지 체크하였습니다. 그리고 자신에 대해 보다 적극적으로 탐색할 수 있도록 심리적 역량 강화를 위한 보조 자료를 제공해 주었습니다. 김솔솔은 전반적으로 심리적으로 건강하게 생활하고 있는 것으로 보였습니다. 하지만 보다 구체적인 자신의 심리 내면 상태, 문제점, 가족관계 등에 대해서는 다음 달 상담에서 더 깊이 탐색해 볼 필요가 있습니다. 이를 통해 김솔솔이 자아정체성을 찾아나가며 건강한 예비 사회인으로 성장할 수 있도록 지원하고자 합니다.

두 번째 달

1회기

상담 중 김솔솔의 근황을 물어본 결과, 그녀는 7개 대학에 원서를 썼다고 했습니다. 하지만 면접을 잘 볼 수 있을지 걱정하고 있었습니다. 이에 대해 상담사는 심리적으로 지지해 주고, 구체적으로 면접 준비를 어떻게 하고 있는지 질문했습니다. 그 결과, 김솔솔의 어머니 친구분이 면접 준비를 지도해 주고 있으며, 김솔솔이 매우 성실하게 준비하고 있는 것으로 판단되었습니다.

상담사는 김솔솔에게 면접 준비와 관련된 추가 정보를 제공해 주었습니다. 이를 통해 김솔솔이 자신감을 가지고 면접에 임할 수 있도록 격려하였습니다.

2회기

김솔솔은 대입을 앞두고 심리적으로 약간 불안해 보였습니다. 하지만 그녀는 이를 극복해 나갈 강한 의지를 가지고 있었고, 적극적으로 대학 입학을 위한 방안을 모색하며 원서를 제출하는 등 미래에 대해 충분히 고민하고 있었습니다. 그 외에도 김솔솔은 작년 남자 친구와의 관계에서 겪었던 임신과 낙태 사건에 대해 자발적으로 이야기하였습니다. 이는 그동안 그녀의 인생에 큰 사건이었고, 심리적 압박을 느꼈지만, 위탁보호위원에게 솔직하게 털어놓는 과정에서 위안을 얻었다고 하였습니다. 위탁보호위원은 트라우마 사실 자체보다는 김솔솔이 외상 후 성장을 이룰 수 있도록 심리적으로 지지하고 격려하며, 현실적으로 잘 적응해 나갈 수 있도록 지원하였습니다.

3회기

김솔솔은 대학 한 곳에 면접을 보고 11월 초 합격 결과를 기다리고 있었습니다. 비록 김솔솔의 어머니가 충분한 엄마 역할을 해주지 못했지만, 김솔솔은 자신의 미래 방향을 충분히 고민하며 예비 성인으로서 어떻게 살아가야 할지 고민해 나갔습니다.

상담사는 김솔솔의 기질적으로 긍정적이고 밝은 성품에 주목하였습니다. 이를 통해 김솔솔이 위기를 잘 극복하고, 자신의 강점을 살려 앞으로 나아갈 수 있도록 지지하였습니다. 이처럼 김솔솔은 모의 부족한 양육에도 불구하고, 자신의 미래를 능동적으로 준비하며 예비 성인으로서의 모습을 보여주었습니다. 상담사는 이러한 김솔솔의 노력과 잠재력을 격려하며, 건강한 사회인으로 성장할 수 있도록 지원하였습니다.

세 번째 달

1회기

상담을 통해 김솔솔의 근황을 파악한 결과, 그녀가 지원한 대학 중 한 곳에 예비 합격자로 선정되어 있었습니다. 김솔솔은 자신의 미래와 마음 상태에 대해 높은 관심을 보이고 있었습니다. 다만 모와의 애착 관계에서 과도하게 밀착된 측면이 있는 것으로 파악되었습니다. 현재 대입 합격 여부를 앞두고 있어 심리적으로 다소 불안한 상태로 보였지만, 자기 통제력이 안정적이므로 크게 걱정할 부분은 아닌 것으로 판단되었습니다. 상담사는 김솔솔의 이러한 상황을 면밀히 파악하고, 대입 준비 과정에서의 불안감을 해소하고 건강한 자아를 형성할 수 있도록 지속적으로 지원할 계획입니다.

대입 예비 합격 발표가 나지 않아 김솔솔은 다소 불안한 모습이었습니다. 이에 위탁보호 위원인 상담사는 김솔솔에게 예비 합격 발표를 함께 기다려보자며 격려하였습니다. 또한 앞으로의 진로와 관련하여 김솔솔과 함께 고민해 보기로 하였습니다. 이를 통해 김솔솔이 불안감을 해소하고 자신의 미래에 대해 긍정적으로 준비할 수 있도록 지원하고자 하였습니다. 상담사는 김솔솔의 현재 상황을 공감하며, 함께 고민하고 격려하는 태도로 상담을 진행하였습니다. 이로써 김솔솔이 안정적으로 대입 준비를 해나갈 수 있도록 도움을 주었습니다.

김솔솔은 여전히 대입 예비 합격 발표가 나지 않아 심리적으로 다소 불안한 상태에 있었습니다. 이에 상담사는 김솔솔과 함께 대입 진학 여부에 따른 향후 계획과 꿈에 대해 여러 경로를 탐색하였습니다. 상담사와 김솔솔은 대입 합격 소식이 오는 대로 연락을 취하기로 하였습니다. 이를 통해 합격 여부에 따른 구체적인 진로 방향을 함께 모색하고자 하였습니다. 상담사는 김솔솔의 불안감을 이해하며, 그녀가 긍정적인 미래를 설계할 수 있도록 다양한 방안을 함께 고민하였습니다. 이러한 상담 과정을 통해 김솔솔이 안정적으로 대입 준비를 해나갈 수 있도록 지원하였습니다.

네 번째 달

1회기
김솔솔은 대학 입학 예비 합격 후보자로 12월 말 최종 결과를 기다리고 있었습니다. 그녀는 입학에 실패할 경우에 대한 불안감이 있었지만, 전반적으로 건강한 일상을 보내고 있었습니다.

2회기
김솔솔은 엄마의 건강이 좋지 않다며 자신이 병간호 중이라고 말했습니다. 엄마 역시 산부인과 문제로 종종 병원에 가곤 했다고 합니다. 이 과정에서 김솔솔은 엄마의 보호자 역할을 하고 있다는 사실을 발견하였습니다. 따라서 상담사는 김솔솔이 주변에 심리적 지지를 받을 수 있는 사회적 네트워크가 있는지 함께 탐색하였습니다.

3회기
코로나19 상황으로 인해 비대면 상담으로 진행되었습니다. 김솔솔은 예비 합격했던 대학에 최종 합격했다는 소식을 전해왔습니다. 상담사는 이를 함께 기쁘게 축하하며, 그동안 긴장했던 마음을 내려놓고 여유로운 시간을 보낼 수 있도록 격려하였습니다. 상담사는 김솔솔이 일상에서 건강하게 생활하고 있으며, 대학 입시라는 큰 관문을 통과한 것을 지지하고 격려하였습니다.

다섯 번째 달

1회기

김솔솔의 주된 관심사는 대학 입학이었습니다. 입학을 앞두고 설렘과 긴장감이 공존하는 모습을 보였습니다. 상담사는 김솔솔이 자신의 감정을 인식하고 표현하며 잘 조절해 나갈 수 있도록 '감정'의 인식과 표현을 중심으로 상담을 진행하였습니다. 이미 김솔솔은 자신의 감정을 잘 표현하는 능력을 보유하고 있었기 때문에, 이 부분에 대한 재점검이 필요한 수준이었습니다.

2회기

상담사는 김솔솔과 함께 미래 설계에 대해 탐색하였습니다. 체육 관련 학과에 입학하게 되었으므로, 향후 어떤 직업을 갖고 살아갈지 이야기를 나누었습니다. 또한 지역사회 기관에서 장학금을 받게 된 기쁜 소식을 듣고 축하해주었습니다. 김솔솔은 앞으로 자신과 같은 어려운 학생들을 돕고 성실하게 공부하고자 다짐하였습니다.

3회기

김솔솔은 장학금 수여 경험이 긍정적인 경험으로 자리 잡았다고 말했습니다. 이는 심리내외적으로 지원체계가 부족한 김솔솔에게 큰 힘이 되었던 것으로 보입니다. 상담사는 김솔솔이 성실하게 지내며, 대학 수업에 대비하여 심리적으로 준비할 수 있도록 격려하고 지지하였습니다.

여섯 번째 달

1회기

대학 입학을 앞두고 김솔솔은 정서적으로 다소 들뜬 모습이었습니다. 상담사는 이러한 심리적 안도감을 격려하며, 긴장된 시간에서 벗어나 마음의 휴식을 가질 수 있도록 지원하였습니다.

2회기

김솔솔은 대학 입학을 앞두고 심리적 변화를 겪고 있었습니다. 상담사는 김솔솔이 앞으로 대학생이자 성인으로서 자기만의 고유한 정체성을 찾아나갈 수 있도록 지지하고 격려하였습니다.

3회기

김솔솔은 지난주 독감으로 인해 입퇴원을 경험했다고 하였습니다. 엄마의 건강 상태도 좋지 않은 편이었지만, 이모들이 주변에서 돌봐주고 있는 것으로 파악되었습니다. 김솔솔은 엄마가 새로운 사람을 만나는 사건에 대해 존중하는 모습을 보였습니다. 한편 김솔솔은 대학에 입학하여 수업에 적응하고 있었습니다. 상담사는 김솔솔의 건강 상태와 가족 관계 변화에 대해 관심을 가지며, 그녀가 대학생활에 안정적으로 적응할 수 있도록 지속적인 지원을 제공하였습니다.

일곱 번째 달

1회기

코로나19 사태로 인해 김솔솔의 대학 수업은 비대면으로 진행되고 있었습니다. 그녀는 수업과 편의점 아르바이트를 병행하며 바쁜 일상을 보내고 있었습니다. 또한 남자친구가 있어 연애를 즐기고 있었지만, 종종 다툼이 있었습니다. 무엇보다 김솔솔은 엄마의 역할을 기대했지만, 엄마는 그 역할을 충실히 하지 않았습니다.

2회기

김솔솔은 새로운 학교생활과 아르바이트, 그리고 엄마의 새로운 남자친구와의 관계에 적응 중이었습니다. 그녀에게 가장 큰 고민은 엄마와 관련된 것이었지만, 이에 대해 깊이 이야기하기를 원하지 않았습니다. 상담사는 김솔솔에게 자원이 될 수 있는 환경 중심의 지지체계를 중심으로 탐색하였습니다.

3회기

김솔솔에게 가족, 특히 엄마는 매우 중요한 인물이었습니다. 그녀는 '엄마를 지켜줘야 한다'는 믿음이 강했으며, 실제로 엄마의 심리적 보호자 역할을 하고 있었습니다. 상담사는 김솔솔이 심리적으로 건강하게 자신의 길을 찾아갈 수 있도록, '문제'에 집중하기보다는 그녀의 '자원'과 '강점'에 초점을 맞추어 격려하였습니다.

여덟 번째 달

1회기

대학 학업과 아르바이트로 바쁜 생활을 하고 있지만, 김솔솔은 새로운 생활양식에 대체로 잘 적응하고 있는 것으로 보였습니다.

2회기

김솔솔의 학교생활은 대체로 원만하게 적응 중이었습니다. 다만, 여전히 엄마에 대한 걱정과 내적 갈등이 있었고, 자신이 엄마를 돌봐야 하는 보호자로서의 역할을 하고 있었습니다. 하지만 그녀는 남자친구를 심리적 안식처로 삼고 위안을 받곤 했습니다.

3회기

상담 과정에서 김솔솔은 그동안 불편했던 감정을 호소하고 위탁보호 위원에게 이야기한 것에 만족감을 표현했습니다. 그녀를 둘러싼 사회적 지지체계가 매우 부족한 것이 현실이었지만, 장학금 수여와 대학 입학이라는 성공적인 경험을 통해 한 걸음씩 성장해나가고 있었습니다. 상담사는 앞으로 김솔솔이 잘 적응해나갈 것을 격려하며 상담을 마무리하였습니다.

Q1 당신이 김솔솔 학생의 위탁보호위원이라면 무엇에 주력하여 만나겠습니까? 위 상담위원의 역할을 평가해보고, 당신만의 상담 과정을 제안해봅시다.

Q2 김솔솔이 보다 긍정적인 방향으로 변화할 수 있었던 요인이 무엇인지 찾아봅시다. 변화를 가능하게 했던 개인내외적 요인을 5개 찾아 적어봅시다.

면접교섭 제도

면접교섭 관련 상담에서 가장 중요한 것은 아동의 복리입니다. 우리는 상담을 통해 자녀가 자신의 부모가 어떤 사람인지, 부모와의 어떤 관계를 원하는지 등 자신의 정체성을 확립할 수 있도록 주력해야 합니다. 누구와 함께 살지 결정하는 과정에서 부모는 아동의 감정을 듣고, 아동의 마음을 청취하는 합의 형성의 과정이 필요합니다. 이는 아동의 기본적인 권리가 됩니다. 한편 부모의 입장에서도 아동의 양육과 발달에 대한 일차적인 책임을 지니고 있습니다. 따라서 함께 살지 않는 부모도 그 책임을 다해야 하며, 이것이 부모로서의 책임과 의무 등의 문제(정체성)라고 할 수 있습니다. 아동과 함께 사는 부모가 무관심이나 사망 등의 상황이 발생할 때에는 아동의 최선의 이익을 위해 친권 변경과 양육자 변경을 고려할 수 있습니다. 이 경우 부모 간의 협력이 매우 중요합니다.

이 과정에서 부모는 지역사회에서 실시되는 부모 교육을 받을 수 있고, 미성년 자녀가 있는 경우 법원에서 의무적으로 단 회기의 간단한 부모교육을 받아야 할 수도 있습니다. 그러나 제도적 한계로 인해 정보가 필요한 사람들이 실제로 수강하지 않는 것이 심각한 현실적인 문제입니다.

특히 갈등이 심한 상황에서는 자녀의 안전성을 확보해야 하는데, 합의 형성이 매우 어려운 경우도 있습니다. 이러한 경우에는 재판이나 제3자의 조정을 통해 해결해 나갈 수 있습니다. 즉, 고갈등 상황에서는 면접교섭을 부모에게만 맡기는 것이 아니라 지원단체가 관여하여 안전성을 확보해야 할 것입니다.

세계적으로 모범적인 면접교섭 사례로 호주의 스크리닝 작업을 들 수 있습니다. 호주에서는 온라인 질문표에 답변을 작성하면, 전문 훈련을 받은 관리자가 위험도를 평가하여 4개 등급으로 분류합니다. 위험도가 낮은 경우에는 온라인으로 지원을 제공하고, 중간 수준의 경우에는 적절한 지원 및 안전 확보 방안을 소개합니다. 한편 위험도가 높은 경우에는 상담사와 면담을 하며, 매우 위험한 상황(가정 내 폭력 등)에는 법관 특별팀이 조기에 개입하여 집중적으로 지원합니다. 호주 역시 약 10년 전에는 이러한 상세한 스크리닝 체계를 갖추지 않았다고 합니다. 따라서 한국의 면접교섭 제도 역시 이러한 모범 국가의 사례를 참고하여 발전시켜 나갈 필요가 있겠습니다.

면접교섭권의 개념

면접교섭권(Visitation Rights)은 이혼한 부부의 미성년 자녀가 비양육 부모와 면접 및 교섭을 할 수 있는 권리를 말합니다(윤대성, 2010). 이는 직접 만나거나 서신 교환, 연락 및 접촉 등의 방법으로 자녀와 교류할 수 있는 권리입니다.

협의이혼 또는 재판상이혼 과정에서 친권자나 양육자로 지정되지 않은 부모는 자녀에 대한 면접교섭권을 가지게 됩니다. 이 권리는 1990년 민법 개정으로 신설된 제837조의21에 따라 1991년 1월 1일부터 부모에게 인정되었고, 2007년 12월 21일 개정을 통해 자녀에게도 면접교섭권이 인정되었습니다.

대한민국 판례는 이혼한 부모에 의해 따로 거주하는 자녀들 사이의 면접교섭권도 인정하고 있습니다. 자녀는 비양육 부모와 다양한 방법으로 만날 수 있고, 비양육 부모 또한 자녀와 만날 수 있습니다. 자녀의 양육에 있어 부모와의 공동생활이 가장 이상적이지만, 이혼 등의 사유로 인해 그렇지 못한 경우 면접교섭권은 자녀의 심리적 갈등을 최소화하기 위한 제도입니다(정미진, 2015).

면접교섭권의 기능

면접교섭권은 그 성질상 부모와 자녀에게 당연하게 주어진 '자연권'입니다. 유엔아동권리협약 제9조 제3항은 "당사국은 아동의 최선 이익에 반하는 경우 외에는, 부모의 일방 또는 쌍방으로부터 분리된 아동이 정기적으로 부모와 개인적 관계 및 직접적인 면접교섭권을 유지할 권리를 가짐을 존중하여야 한다."고 규정하고 있습니다. 대한민국은 1991년 이 조약의 비준 당시 해당 규정을 유보하였다가 2007년 민법 제837조의2를 개정·시행한 후 이듬해 유보를 철회하였습니다.

21세기 가족법에서는 자녀의 최선 복리가 최고의 이념으로 평가되고 있습니다. 대한민국 가족법은 자녀를 면접교섭권의 '객체'뿐만 아니라 '주체'로도 인정함으로써, 면접교섭권에 있어서는 21세기 가족법의 면모를 갖추고 있습니다. 즉, 2007년 개정 전의 민법상 면접교섭권은 본질적으로 부모 중심으로 규정되어 있어 자녀의 복리라는 중심적인 가치가 인정되기 어려웠습니다. 이제 면접교섭권은 부모의 권리이자 동시에 자녀의 권리로 이해해야 합니다(정미진, 2015).

부모에게 있어 면접교섭권의 의무 이행은 양육의 의무 이행의 일환입니다. 양육권과 면접교섭권을 법에서 규정할 때 고려되는 기본 원리는 '자녀의 복리'입니다. 면접교섭권의 구체적인 내용은 자녀를 만날 수 있는 때, 장소, 방법 등을 정하는 것입니다. 부모가 합의하여 정할 수도 있고, 합의가 성립되지 않을 때는 법원이 면접교섭권에 관한 심판 절차를 통해 이를 정할 수 있습니다.

　이혼 과정에서 한쪽 부모가 양육하는 경우, 양육 부모가 비양육 부모에게 자녀를 만날 기회를 주지 않을 수 있습니다. 이때 비양육 부모는 가사소송법상 '사전처분'이라는 제도를 이용하여 자녀와의 면접교섭권을 확보할 수 있습니다. 그러나 이러한 '사전처분'이 있어도 양육 부모가 이를 따르지 않는 경우, '이행 명령'이라는 제도를 활용할 수 있습니다. '이행 명령'을 위반하면 법원은 과태료 부과 등의 조치를 취할 수 있고, 비양육 부모는 '양육자 변경'을 청구할 수 있습니다. 이러한 '이행 명령'은 이혼 후에도 이용할 수 있습니다. 한편, 비양육 부모가 면접교섭권의 의무를 이행하지 않는 경우도 있습니다.

　면접교섭권은 양육권과는 달리 '양육하지 않는 부모'의 고유한 권리입니다. 따라서 자녀의 복리에 해가 되지 않는 한 비양육 부모는 면접교섭권을 가집니다. 제한이 필요한 경우에도 가정법원의 판단을 거쳐야 하며, 부모가 임의로 제한할 수 없습니다.

　면접교섭권의 횟수는 통상 일주일에 1회 정도이지만, 합의나 가정법원의 결정에 따라 조절이 가능합니다. 면접교섭권의 방법은 자녀에게 정서적 안정감과 적절한 성장·발달을 우선적으로 고려해야 합니다. 실무상 한 달에 2회 정도 면접교섭이 이루어지는 편이며, 대면 접촉 외에도 전화, 편지, 이메일 등의 통신 연락과 선물 교환 등이 포함될 수 있습니다.

장소는 자녀의 나이에 따라 양육자의 거주지와 가까운 곳으로 정하는 경우가 많습니다. 인수·인계의 책임은 일반적으로 비양육자에게 있지만, 거주지가 멀 경우 쌍방이 번갈아 책임을 지는 방식도 가능합니다.

이혼 후에도 자녀와 비양육자의 정기적인 대면 활동은 자녀의 심리적·정서적 발달에 긍정적인 영향을 끼칩니다. 다만 유아기 자녀의 경우 숙박을 포함한 면접교섭권은 자제하는 것이 적절합니다. 면접교섭권은 부부 간 갈등을 표출하는 통로가 아니라, 자녀와 비양육자 사이의 신뢰와 유대감을 쌓는 통로로 활용되어야 합니다.

🧠 생각 나눔

Q1 면접교섭권에서 양육자와 비양육자의 역할 중에서 기능으로 가장 중요한 영역은 무엇이라고 생각하십니까? 그 이유와 함께 간략하게 기술해 봅시다.

Q2 제 3자인 상담위원이 면접교섭의 횟수, 시행 방법 등에 관해 관여하는 일에 관해 어떻게 생각하십니까? 가족의 일은 가족이 자체적으로 해결해나가야 한다고 생각하는지, 혹은 사회가 어디까지 관여해야한다고 생각하는지 논의해 봅시다.

이 장에서는 저자들의 상담 경험을 토대로, 부모의 협의 및 재판 이혼 신청 전후 내담자들이 주로 묻는 질문을 중심으로 상담위원이 알아야 할 핵심적인 부분에 대해 살펴보고 논의하고자 합니다.

친권, 양육권, 면접교섭권

- **친권:** 부모가 미성년 자녀에 대해 가지는 신분상·재산상의 여러 권리와 의무를 총칭하는 개념입니다.
- **양육권:** 부부가 이혼한 후 미성년 자녀를 누가 양육할 것인지에 관한 권리입니다.
- **면접교섭권:** 부부가 이혼한 후 자녀를 양육하지 않는 부모가 자녀를 만나거나 전화, 편지 등을 할 수 있는 권리입니다.

부모들은 이혼을 하러 온 경우 대체로 모든 것을 빨리 끝내기를 원하는 경우가 많습니다. 따라서 자녀를 걱정하면서도 감정의 요동 속에서 구체적으로 무엇을 어떻게 해야 할지 모르는 경우가 많습니다.

이에 상담위원은 내담자들의 궁금한 점에 답변하면서도, 이혼 후 새로운 가족 관계에서 부모－자녀 관계를 안정적으로 맺어나갈 수 있도록 돕는 것이 중요합니다. 특히 친권, 양육권 및 면접교섭, 양육비 등에 관한 사항을 확정하고, 아버지와 자녀관계, 어머니와 자녀 관계가 원만하게 이어질 수 있도록 상담해야 할 필요가 있습니다.

면접교섭과 관련하여 내담자들이 주로 궁금해하는 질문

Q1 가족관계의 문제로 부모들은 자녀들의 심리상태에 관하여 걱정하는 경우가 많습니다. 미성년자 심리상태는 어떻습니까?

☞ 부부를 만나는 의무 면담에서 미성년 자녀 당사자의 심리상태를 직접 파악하기는 어렵습니다. 다만 부모의 보고를 통해 간접적으로 자녀의 심리를 추측할 수는 있습니다. 특히 자녀 앞에서 물건을 던지거나 윽박지르는 등의 언어적, 신체적 폭력이 있었던 경우, 아이는 불안이 가중되고 유치원이나 학교에서 부적응한 상태를 보일 수 있습니다.

따라서 상담위원은 자녀의 연령에 맞게 간략한 정보를 제공할 수 있습니다. 예를 들어 유아기 자녀의 경우, 부모가 '사랑한다'는 등 가족문화에 맞는 언어로 표현하고 잦은 스킨십과 애정표현으로 자녀의 심리적 안정을 도모해야 함을 조언할 수 있습니다. 이를 위해 법원에 비치된 부모교육 자료를 활용할 수 있습니다. 또한 자녀가 정신 · 병리적인 문제를 보인다고 하거나, 의무 면담에서 파악되지 않은 사항이 있다면 (법원의) 장기 상담이나 지역사회 전문가의 도움을 받을 것을 안내해 주는 것이 도움이 될 것입니다.

Q2 면접교섭에 관하여 무지하거나, 합의가 잘 안 되는 경우들이 있습니다. 어떻게 해야 합니까?

☞ 상담위원은 미성년 자녀를 둔 부모 양측이 모두 자녀와 관계를 맺을 권리를 가지고 있음을 알아야 합니다. 한 쪽이 일방적으로 자녀를 보여주지 않거나, 자녀를 만나는 방법에 대한 지식이 부족한 경우를 위해 자세히 설명해 주어야 합니다.

결국 상담위원은 이혼 후 부모가 구체적으로 어디에서 어떻게 자녀를 만나고, 만날 때 아이와 무엇을 할지에 대해 간략하게나마 안내해 주어야 합니다. 부모-자녀 관계 파악과 부모 됨의 준비가 미흡한 경우에는 장기 상담을 권고하여, 상담과 부모 교육을 통해 건강한 관계를 맺을 수 있도록 도와야 합니다.

특히 서울가정법원의 경우, 2층 '이음누리'를 이용할 수 있음을 알려주어, 가족 환경에 맞게 안정적으로 자녀와 면접교섭할 수 있도록 지원하는 것이 필요합니다.

Q3 이혼으로 모든 걸 끝내고 싶다는 내담자 어떻게 다루어야 할까요?

☞ 이혼 후, 성인인 부부가 어떤 이유로든 헤어지게 된 것이지만, 아버지(혹은 어머니)와 자녀 간의 관계가 사라지는 것은 아님을 분명히 인지시켜야 합니다. 부모의 정서적 혼란이 해결되지 않았더라도, 부모가 자녀를 만날 의사가 있거나, 자녀가 부모와 지속적으로 만나기를 원할 수 있습니다. 따라서 상담위원은 부모의 깊은 감정을 모두 정리할 수는 없겠지만, 자녀를 통해 부모가 합의할 사항이 있을 수 있음을 설명해 주어야 합니다. 즉, 이혼으로 법적 혼인 관계는 끝나지만, 자녀와의 관계는 계속됨을 알려주고, 협의할 사항이 있을 때 어떻게 할 것인지 안내해야 합니다. 다만 두 사람 간 미해결된

감정이나 폭력이 극도로 치닫는 경우, 의무면담에서 이러한 내용을 수용하기 어려울 수 있습니다. 이런 경우 장기 상담이 권유될 수 있습니다.

Q4 그 외에 간략한 법적 지식에 관하여 질문할 수 있습니다. 대체로 아래와 같은 내용들이 많습니다. 상담 위원은 법적 전문가가 아니므로 간략한 정보는 줄 수 있으나, 보다 깊이 전문적 지식을 요구하는 경우 어떻게 합니까?

☞ 간략한 정보를 줄 수 있지만, 법적 전문가가 아님을 분명히 합니다. 법적 전문가를 만날 수 있는 정보에 관해 제공할 수 있습니다.

Q4-1 친권을 공동으로 할 수 있나요?

☞ 네. 있습니다. 다만, 주의할 사항이 있습니다.
친권은 아직 미성년인 자녀가 완전한 법률 행위를 할 수 없으므로, 친권자가 법률상 행위를 대신할 권리를 가지는 것입니다. 예를 들어 이사를 하여 전입신고를 하거나, 사고로 인한 응급 수술이 필요한 상황에서 미성년자를 대신하여 법률행위를 해야 합니다.
공동친권으로 할 경우, 특히 부부가 서로 좋지 않은 감정을 갖고 있는 경우 한계가 있음을 내담자에게 알려주는 것이 중요합니다. 이혼 시 친권을 한 사람에게 단독으로 줄 경우, 응급 수술 등 긴급한 결정이 필요한 상황에서 신속하게 대처할 수 있는 장점이 있습니다.
상담위원은 내담자의 가족 상황을 고려하여 자녀의 미래에 더 긍정적인 영향을 줄 수 있는 친권 결정 방안을 고심해야 합니다.

Q4-2 단독 친권의 장점은 무엇인가요?

☞ 무엇보다 친권이 단독으로 지정되면 양측에서 협의할 필요 없이 자녀에

대한 사안을 신속하게 대처해나갈 수 있다는 장점이 있습니다. 그러나 상담위원은 양측이 충분히 협의가 되었는지 확인할 필요가 있습니다. 종종 폭력 등 강압적인 한쪽의 판단에 의해 심리적으로 억압된 자가 침묵하는 경우도 있기 때문입니다. 따라서 상담위원은 양측의 충분한 합의가 이루어졌는지, 그리고 어느 한쪽이 강압적으로 결정을 내린 것은 아닌지 주의 깊게 살펴봐야 합니다. 이를 통해 자녀의 최선의 이익이 보장될 수 있도록 해야 합니다.

Q4-3 양육권은 누가 갖는 것이 좋은 건가요?

☞ 이 부분은 두 당사자의 의견이 우선적으로 중요하겠지만, 자녀가 폭력이나 아동학대 등의 상황에 놓일 여지는 없는지 확인할 필요가 있습니다.
양육권은 이혼 시 미성년 자녀의 양육에 필요한 자녀를 키우고, 가르치고, 보호하며 결정하는 권리를 말합니다. 부부가 혼인 관계일 때는 공동으로 양육권을 행사할 수 있지만, 이혼 시에는 합의를 통해 자녀 양육에 관한 권리와 관련 사항을 결정해야 합니다. 즉, 양육권은 자녀 양육에 적합한 자, 즉 심리적으로 대체로 건강하고 최소한 자녀의 의식주를 해결할 수 있으며, 자녀의 성장과 발달을 도모할 수 있는 자로 정하는 것이 중요합니다.
한국 사회에서 자녀 양육은 주로 엄마의 역할로 여겨지지만, 모의 방치, 학대, 경제적 무기력 등의 한계로 인해 양육자로서의 역할을 다하지 못할 수 있습니다. 따라서 상담위원은 양육자로 지정된 자의 심리 및 환경적 상태를 면밀히 확인해야 합니다. 필요 시 내담자를 대상으로 교육을 실시하거나 지역사회의 부모 교육 및 상담 관련 정보를 제공해 줄 필요가 있습니다.

Q4-4 "우리는 쿨한 부부입니다. 어떤 이유로 헤어지지만 '친구'같이 지낼 수 있습니다. 따라서 양육권 공동으로 하겠습니다." 이렇게 할 경우 상담사는 어떻게 해야 합니까?

☞ 일반적으로 양육권은 한 명의 부모에게 단독으로 주어지지만, 공동양육권

도 가능합니다. 다만 상담위원은 자녀의 복리를 중심으로 신중하게 공동양육 여부를 결정해야 합니다. 아이 입장에서는 두 부모 밑에서 양육을 받게 되어 보다 안정적인 느낌을 받을 수 있습니다. 그러나 이혼이라는 현실에서 부부의 관계가 좋지 않거나 언쟁이 발생할 우려가 있어, 오히려 단점으로 작용할 수도 있습니다. 따라서 상담위원은 공동으로 양육권을 갖는 것이 가족에게 적합한지 여부를 신중히 탐색한 후 결정해야 할 것입니다. 이를 통해 자녀의 최선의 이익을 보장할 수 있도록 해야 합니다.

Q4-5 면접교섭권을 침해당하고 있어요. 어떻게 해야 하나요?

☞ 면접교섭권의 침해는 명백한 위법행위입니다. 종종 이혼 후에도 전 배우자에 대한 악의적인 감정이 남아있어, 주소지를 옮기거나 연락처를 바꾸는 등 잠적하는 경우가 있습니다. 따라서 면접교섭권이 침해당한 당사자는 법원에 면접교섭 허가신청을 제출할 수 있습니다. 이 신청서에는 면접교섭이 필요한 이유와 이를 이행하지 못한 사유, 상대방의 인적사항 및 면접교섭을 원하는 날짜와 시간 등을 상세히 기재해야 합니다. 이후 법원은 상대방에게 면접교섭 이행 명령을 내리게 됩니다. 상대방은 정당한 사유 없이 이 명령을 거부할 수 없습니다. 만약 거부하거나 거절할 경우, 과태료 납부 또는 양육권 박탈 등의 불이익을 받게 됩니다. 이를 통해 면접교섭권이 보장되도록 조치를 취할 수 있습니다.

Q5 법원 의무면담에서 미성년자녀를 둔 부모를 만날 때 상담위원이 주의해야 할 사항이 있을까요?

☞ 첫째, 상담위원은 법률 전문가가 아님을 명확히 밝히고, 구체적인 법률 문의 사항은 법률 전문가에게 문의하도록 안내해야 합니다.
둘째, 심리적 측면에서 미성년 자녀가 부모의 이혼 후에도 학업과 일상생활에서 충분히 성장할 수 있는 환경인지에 초점을 두고 의무 면담을 진행해야 합니다.

셋째, 의무면담 시간이 제한되어 친권, 양육, 면접교섭 등을 충분히 논의하지 못한 경우, 장기 상담을 권유하여 상담위원과 함께 논의해나가도록 합니다. 장기 상담 시 상담위원이 어디에 초점을 맞추어 상담해야 하는지 서면으로 명확히 표기해 주는 것이 도움이 될 것입니다.

넷째, 부모 됨의 준비가 미흡하다고 판단되는 경우, 내담자의 거주지와 가까운 지역사회 복지관, 가족센터, 상담센터 등을 안내하여 추후 도움을 받을 수 있도록 합니다. 이는 상담위원이 한정된 시간에 모든 것을 해결할 수 없기 때문입니다. 보통 서울가정법원에서 협의이혼 신청을 한 후 의무면담에 참여하게 되면 평균 20-30분 정도 소요되며, 부부를 함께 만나는 방식으로 진행됩니다.

면접교섭 상담위원의 역할은 무엇일까요? 우리나라는 1990년 민법 개정으로 제837조의21이 신설되면서 1991년 1월 1일부터 부모에게만 면접교섭권이 주어졌습니다. 그러다가 2007년 12월 21일 해당 규정이 개정되어 부모뿐만 아니라 자녀에게도 면접교섭권이 인정되었습니다. 이처럼 한국에서의 면접교섭 상담은 역사가 짧은 편이므로, 향후 자녀의 복리에 초점을 두어 다양화되는 가족 형태와 가치관에 따라 지속적으로 변화 및 구체화되어야 할 것입니다.

이 장에서는 전주람 외(2023)의 연구 <한국사회 면접교섭 제도 발전을 위한 연구: 면접교섭 제도 이용자와 면접교섭 제도 관련 전문가를 중심으로>를 중심으로 면접교섭 상담위원의 역할에 대해 몇 가지 언급하고자 합니다.

첫 번째로, 면접교섭 상담위원의 전문적인 상담 역량이 매우 중요합니다. 구체적으로 상담사의 양육 코칭과 가이드 역할을 통해 내담자들은 자신들의 혼란스러운 양육 상황에서 큰 도움을 받은 것으로 드러났습니다. 일부 내담자들은 상담위원이 감시자 역할을 해주어 양육에 도움이 되었다고 보고했습니다.

그러나 아직 한국 사회에서 면접교섭 상담위원의 전문적 역량을 배양하기 위한 구체적인 가이드라인이 부족한 실정입니다. 따라서 관련 기관에서 활동하는 상담위원들이 관심을 갖고 데이터를 축적할 필요가 있습니다. 예를 들어 성공적인 사례를 발굴하거나 내담자들이 도움 받은 부분을 역추적하는 등의 노력이 필요할 것입니다.

두 번째로, 면접교섭 상담 내용에서 이용자들의 강점 발견과 심리적 회복이 매우 중요합니다. 대부분의 내담자가 우울, 불안 등의 부정적 정서를 경험하므로, 상담위원은 이들을 격려하고 지지하는 피드백을 통해 용기와 자신감을 얻을 수 있도록 도와야 합니다.

세 번째로, 자녀의 복리를 최우선으로 하는 면접교섭 상담을 위해 물리적, 환경적 여건이 필요합니다. 자녀들이 편안하게 상호작용할 수 있는 놀이 공간과 함께, 가정폭력 등의 문제로 인한 심리적 안전감도 확보되어야 합니다. 마지막으로, 한국 사회에서 면접교섭 센터의 발전을 위해서는 사회적 인식 개선과 활성화 방안에 관한 논의가 필요합니다. 면접교섭에 대한 일반인들의 인식이 아직 부족한 만큼, 지역사회로의 양적 확대와 함께 부모 교육 등의 노력이 필요할 것입니다. 또한 면접교섭 이행에 대한 실효성 있는 규제와 제도적 뒷받침도 중요합니다.

Q1 당신은 면접교섭 상담위원의 역할 중에서 무엇이 가장 중요하다고 생각하십니까? 자녀가 유아기, 아동기, 청소년기인 경우로 나누어 논의해 봅시다.

Q2 면접교섭 상담에서 양육자와 비양육자 상담을 1인의 상담위원이 맡는 것과 2인이 투입되어 양육자와 비양육자를 맡아 진행하는 상담의 형태가 있다고 가정해 봅시다. 당신은 어떠한 상담의 방식이 가장 적합하다고 생각하십니까? 그 이유에 관해 논의해 봅시다.

Q3 비양육자를 상담하는 경우, 상담을 종결할 시 자녀가 아빠 혹은 엄마와 떨어지지 않으려고 합니다. 헤어지려고 하는 비양육자는 마음이 몹시 좋지 못한데, 이 과정에서 상담 위원은 어떻게 대처해야 한다고 생각하십니까?

마지막으로 가상의 인물 위성과 김영숙(가명)을 통해 면접교섭 과정을 예시로 소개하겠습니다.

이름(가명): 위성(비양육자)과 김영숙(양육자)
나이 및 성별: 비양육자 45세(남), 양육자 44세(여), 자녀 2인(남 12세, 여 5세)
면접교섭 기간: 총 24회기
상담위원 총 투입 인원: 2명(양육자와 비양육자를 각각 담당)

양육자의 호소 내용: "정신적으로 매우 혼란스럽습니다. 죽고 싶은 생각이 날 때가 한두 번이 아닌데요. 애들 보고 참고 살아야죠. 누가 애들 책임지겠습니까? (우울증 약 복용 중임) 지금까지 살면서 애 아빠가 살림을 돕거나 육아를 해본 적이 없는데, 친권이나 양육권이 아빠한테 가면 어떻게 될지 정말 난감합니다. (친권과 양육권 관련하여 소송 중에 있음) 첫째는 그럭저럭 학교를 다니는데요, 둘째는 아빠를 만나는 게 좀 불편해 보여요. 어렸을 때 이 사람이 출장으로 6개월 정도 필리핀에 있던 적이 있는데, 그때 떨어져 있어서 그런지. 그렇다고 애 아빠가 애들을 좋아하지 않는 건 아닌데요. 역할 부분에서 세심하게 잘 챙기지 못하는 거 같습니다. 여기 올 때만이라도 아빠랑 좀 편안한 관계가 형성되면 좋겠어요."

비양육자의 호소 내용: "(아내가) 저 정신상태로 애들을 잘 돌볼 수 있을지 모르겠습니다. (친정)엄마와는 밀착된 관계 거든요. 누가 애를 보는 건지. 간호사로 일하는데 일 나가면 거의 어머니가 애를 돌보는 거죠. 살림도 안 합니다. 집안 정리를 하나, 밥을 잘 챙겨주나 걱정스럽죠. 그런데 본인이 다 완벽하게 잘 하는 거처럼 말합니다. 어이가 없죠. 친권과 양육권은 제가 가져야 합니다. 저는 본가가 경제적으로도 여유롭고 지금도 (경제적으로) 많이 지원해주고 있거든요. 애들 옷부터 먹거리까지 택배도 자주 보내주곤 합니다. 비싼 장난감이나 핸드폰 이런 건 다 아빠에게 사달라고 하죠. 아내가 정신적으로 건강해져야 애들이 편안할텐데 그 부분 좀 상담받는 중에 잘 해결되면 좋겠습니다."

상담사 2인은 각각 양육자와 비양육자를 담당하여 다음과 같이 상담을 진행하였다. 상담위원 A씨는 양육자를 맡았고, 상담위원 B씨는 비양육자와 자녀 두 명을 담당하였다.

양육자 담당 상담위원:
1) 양육자의 정신 건강 문제 해결을 위해 정신과 진료를 받도록 권유함
2) 과거에 집착하여 비양육자를 비난하거나 자책하는 것에서 벗어나 현재와 미래 중심으로 자녀를 양육할 수 있도록 교육 및 조언

비양육자 담당 상담위원:
1) 상대방을 비난하는 태도에서 벗어나 양육자와 새로운 관계를 맺도록 유도
2) 친권과 양육권이 확정되지 않은 상태에서 여러 경로를 탐색하며 자신의 부모 역할을 탐색할 수 있는 기회 제공

자녀 담당 상담위원:
1) 아동 전문 상담자격을 갖춘 비양육자 담당 상담위원이 총 4회 1:1 면담 진행
2) 자녀의 연령을 고려하여 부모의 이혼 상황에 대한 이해와 부모와 어떻게 지낼지와 관련된 정체성 형성 등을 다룸
3) 특히 둘째 자녀의 경우 놀이 매체를 활용하여 부정적 감정 표출을 돕고,

부와의 놀이 과정에 대해 피드백을 제공

비양육자-자녀와의 놀이 활동 모니터링:
1) 상담위원이 면접 센터 방문 시 비양육자와 자녀의 놀이 활동을 모니터링
2) 비양육자의 적절한 부모 역할 수행, 자녀에 대한 반응과 공감 수준 등을 관찰하고 기록
3) 이를 토대로 비양육자가 자녀와의 관계를 개선할 수 있도록 지원

조별 나눔

Q1 당신은 면접교섭 상담위원의 역할 중에서 무엇이 가장 중요하다고 생각하십니까? 특히 상대방에 관해 '틀렸다.'고 지속적으로 비난(양육태도, 가치관, 놀이방식, 교육관 등)하는 경우 상담위원으로서 어떻게 반응해주어야 한다고 생각하십니까?

Q2 면접교섭 센터에 방문할 때 '양육자'와 '비양육자'가 상담실로 걸어 들어오는 동선은 물리적으로 어떠한 세팅으로 이루어지는 것이 바람직하다고 생각하십니까? 하나의 동선인 경우 서로의 접촉 지대가 생겨 심리적으로 불편한 경우도 발생하는데, 이 부분에 관해 당신이 센터의 물리적 구조와 디자인을 담당한다면 어떻게 결정할지 논의해봅시다. 아울러 재판 소송 중인 경우 면접교섭이 이루어지는 경우가 많습니다. 이 경우 상담실에 입실할 시 핸드폰을 담당자에게 맡기고 들어가는 일이 필요하다고 생각하는지 논의해 봅시다.

Q3 면접교섭 상담에서 양육자와 비양육자의 의견이 일치되지 않는 경우가 많습니다. 예컨대 양육자는 자녀를 엄하게 교육해 많은 학습을 시켜야 한다고 주장하나, 비양육자의 경우 자연과 어울려 자유롭게 충분히 놀기를 바라는 경우가 있습니다. 종종 면접교섭에서 비양육자를 만나고 집으로 돌아가는 경우 자녀는 집안에서 규칙을 어기거나, 다시 모의 스파르타식 학습 교육에 저항하거나 기존의 패턴이 흐트러지는 경우가 발생하는 경우도 있습니다. 이럴 때 당신이 면접교섭 상담위원이라면 어떠한 방식으로 상담 혹은 조언해 주겠습니까?

Q4 당신이 위 사례의 양육자(또는 비양육자, 자녀) 담당 상담위원이라면 무엇에 중점을 두어 상담하겠습니까? 그 이유와 함께 논의해 봅시다.

〈부록〉 (법원에서 실시하는) 부모교육

안녕하세요. 부모와 자녀 양육에 대한 경험을 바탕으로 앞으로 약 1시간 동안 자녀 양육 안내를 진행하겠습니다. 이 자녀 양육 안내는 누구를 위한 교육일까요? 여러분의 세상에 하나뿐인 아이들과 여러분 아이들의 세상에 하나뿐인 부모를 위한 교육입니다. 하지만 이혼 소송이 시작되기 전까지는 평범한 가족 관계와 부모-자녀 관계를 증명했던 가족들을 대상으로 하기 때문에 알코올 또는 약물, 정신적 질환, 심각한 가정폭력과 아동학대가 있었던 경우에는 그 내용을 그대로 적용하기가 어렵습니다. 이러한 경우에는 일방적인 적용보다는 지역사회의 전문가와 전문기관, 각종 외부 기관의 도움을 받는 것이 필요할 수 있습니다. 다만 여기서는 일반적으로 적용될 수 있는 내용 위주로 개괄적인 설명을 드리겠습니다.

부모 자녀 양육은 크게 세 가지 파트로 구성되어 있습니다. 첫 번째 파트에서는 이혼을 앞둔 부모의 심리 상태와 부모의 이혼을 바라보는 자녀의 심리 상태에 대해 다룰 것입니다. 두 번째 파트에서는 자녀의 연령별 발달에 따라 부모가 어떻게 적절하게 도와줄 수 있는지, 바람직한 부모의 행동을 살펴보겠습니다. 세 번째 파트는 자녀 복지를 위한 협의 사항으로, 자녀가 이혼 후에도 잘 적응할 수 있도록 부모가 어떤 태도로 협의해야 하는지를 다루겠습니다. 한 연구 결과에 따르면, 사람들이 경험할 수 있는 큰 스트레스 중 가장 큰 것은 배우자의 사망이며, 두 번째가 이혼이라고 합니다. 따라서 이혼을 앞둔 부부의 감정 상태가 수시로 변하는 것은 일반적인 현상이라고 할 수 있습니다.

part 1: 이혼을 앞둔 부모와 자녀의 심리상태

수시로 변하는 감정을 살펴보고 어떤 대체 행동을 선택할지는 자녀의 지도에 달려 있으므로, 부모와 자녀의 마음을 살펴보도록 하겠습니다. 이혼을 앞둔 부모의 심리 상태는 개인마다 다를 수 있지만, 보통 충격, 분노, 감정의 기복, 수용의 단계를 거친다고 합니다. 충격은 이혼을 결정할 수밖에 없는 상황을 접했거나 상대방으로부터 일방적으로 이혼을 통보받았을 때 느끼는 강한 감정으로, 이때는 아무것도 할 수 없는 상태입니다. 시간이 지나면서 배신감을 느끼고, 그로 인해 상실감이 커질 수 있습니다. 이후 감정의 기복 단계를 거치게 되는데, 막막하고 불안한 기분이 들기도 하고, 이혼하면 지금보다 잘 살 수 있을 것이라는 안도감이 들다가도 다시 우울해지는 등 상반된 감정이 교차합니다. 이러한 감정의 기복을 겪고 나면 결국 이혼이라는 현실을 받아들이고 이혼 후의 삶을 준비하게 되며, 수용의 단계에 이르게 됩니다. 중요한 점은 내가 느끼는 감정과 상대방의 감정이 서로 다를 수 있다는 것입니다. 각 단계를 거쳐 이혼을 결정한 후 소장을 제출하게 되면, 피고는 아직 분노가 누그러지지 않은 상태이기 때문에 서로 대화가 이루어지지 않고 상대방을 이해할 수 없게 됩니다. 따라서 나의 감정과 상대방의 감정이 서로 다르다는 것을 이해한다면, 갈등과 다툼보다는 서로 기다려주고 대화하며 설득하는 노력을 할 수 있을 것이라 생각합니다.

이혼 과정에서 부모가 자신의 감정을 조절하지 못해 주로 저지르는 실수는 첫째, 자녀 앞에서 상대방을 비난하는 것이며, 둘째,

자녀를 소송의 도구로 이용하는 것입니다. 종종 아이가 부모를 매우 싫어해 면접교섭을 원치 않는 경우가 있습니다. 그러나 자세히 들여다보면, 부모가 이혼 결정이 흔들릴까 봐, 혹은 상대방과의 만남이 싫어서, 또는 상대방이 아이에게 부정적인 말을 할까 두려워서, 또 나에게 상처를 준 상대방에게 더 큰 상처를 주기 위해 아이를 보여주지 않는 경우가 많습니다. 이러한 개인적인 감정 때문에 아이와 상대 부모의 관계를 장기간 단절시키려는 의도가 있는지 한번 살펴볼 필요가 있습니다. 또한 자녀 앞에서 서로를 비난하는 경우가 심해지면, 자녀에게 심각한 영향이 미칠 수 있습니다.

"너희 아빠가 다른 여자를 만나 바람을 피웠고, 너희 엄마가 친할머니에게 욕을 했다. 정말 나쁜 사람이다"라고 비난하는 경우가 있습니다. 이 말을 듣는 자녀들은 "나는 바람핀 아빠의 아들이구나" 혹은 "나쁜 엄마의 아들이구나"라고 자신을 인식하게 되며, 이는 결국 낮은 자아 존중감으로 이어질 수 있습니다. 그러므로 서로에게 분노의 감정이 있다 하더라도, 자녀 앞에서는 서로를 비난하고 험담하는 일을 자제해야 합니다.

또한 이혼 소송에서 양육권 다툼을 위해 자녀를 소송의 도구로 이용하는 경우도 있습니다. 예를 들어, 아이에게 진술서를 작성해 달라고 하거나 특정한 대답을 요구하는 일이 발생할 수 있습니다. 심지어 법원에서 소환되지 않았는데도 자발적으로 법정에 나가는 경우도 있습니다. 이러한 실수를 하고 있는지, 그리고 그러한 생각을 하고 있는지 스스로 돌아보는 시간이 필요합니다. 이혼을 앞둔 부모들은 과도한 스트레스를 받으면서 자기도 모르게 자녀에게 상처를 주는 말이나 행동을 하는 경우가 많습니다. 예를 들어, "너 때문에 정신없잖아", "넌 그렇게 못하냐", "넌 대체 누구 닮아서 그래"와 같은 자녀를 비난하는 말이 있습니다. 이러한 말에 자녀는 심한 경우 공격을 당하고 있다고 느끼거나, 부모의 사랑과 애정을 의심할 수 있습니다. 그러므로 화가 난 상태에서는 감정을 자제하고, 자신의 감정에 휘둘리지 않으며 일관된 훈육 태도를 유지하는 것이 중요합니다.

그렇다면 부모의 이혼을 바라보는 우리 아이의 심리 상태는 어떨까요? 제가 동영상을 하나 준비했는데요. 이 동영상에는 세 가지 가족이 등장합니다. 미취학 자녀를 둔 가족, 초등학생 자녀를 둔 가족, 그리고 청소년 자녀를 둔 가족입니다. 이 가족들을 살펴보면 연령별로 아이들이 부모의이혼을 겪으면서 어떤 심리적 어려움을 겪고 있는지 알 수 있을 것입니다. 이제 잠시 동영상을 시청해 보겠습니다.

출처: 대한민국 법원

동영상에서 보셨듯이 부모의 이혼을 지켜보는 아이들은 심리적으로 불안정해질 수밖에 없습니다. 그래서 부모와 마찬가지로 몇 가지 감정 단계를 겪게 됩니다. 첫 번째 단계는 부정입니다. 대부분의 아이들은 "엄마, 아빠가 설마 나를 보고 이혼할 리가 없어", "아빠가 나를 버리고 집을 나갔을 리가 없어" 하며 부모의 이혼 가능성을 인정하지 않습니다. 처음에는 고민하다가 점점 갈등이 심해지면서 분노를 느끼게 됩니다. "엄마가 정말 나를 데리고 오지 않고 왜 집에 안 들어오지? 어떻게 이럴 수가 있지?" 하며 이혼을 결정한 사람이나 그런 상황을 맞은 사람에게 분노감을 표출하기도 합니다.

그러다가 "내가 열심히 공부하고 엄마, 아빠 말을 잘 들으면 다시 화해할 거야. 아빠가 집으로 돌아올 거야"라는 기대를 가지며 부모의 기대에 부응하기 위해 노력하는 단계를 거치게 됩니다. 하지만 자신의 노력에도 불구하고 이혼이 점점 가시화되면 아이들은 무력감과 우울감을 느끼게 됩니다. 결국 자녀들도 부모의 이혼을 현실로 받아들이고 변화된 상황에 적응하려는 노력을 하게 되는 수용 단계를 겪게 됩니다. 개인에 따라 순서가 달라질 수 있으며, 어떤 자녀들은 한 단계에 오래 머물기도 하고, 또 어떤 자녀들은 우울감이나 무기력감이 심각해지는 경우도 있습니다.

부모의 이혼 과정에서 자녀가 나타내는 가장 대표적인 정서 반응은 죄책감과 두려움입니다. 자녀는 자기중심적으로 생각하는 경향이 있어 부모의 갈등과 이혼의 원인을 자신에게 돌리는 경우가 많습니다. 따라서 "너의 잘못이 아니다"라는 메시지를 일관되게 전달하는 것이 중요합니다. 또한, 자녀는 앞으로 변화할 상황에 대해 큰 두려움을 느낄 수 있습니다. 부모님들은 자녀의 두려움을 이해해 주시고, 양육권이 합의된 후에는 부모의 시각이 아닌 자녀의 시각에 맞춰 이혼 후의 생활에 대해 구체적으로 설명해 주는 것이 좋습니다. 예를 들어, 부모가 어디서 살게 될지, 학교는 어떻게 될지에 대해 명확히 알려주는 것이 필요합니다. 무엇보다도 이혼 후에 변하는 것과 변하지 않는 것을 구분해 설명해 주는 것이 중요합니다. 이혼으로 인해 사는 집이나 학교는 변할 수 있지만, 자녀를 향한 부모의 사랑과 책임은 변하지 않는다는 점을 분명히 해 주어야 합니다.

part 2: 자녀의 연령에 따른 부모의 역할

자녀 양육 안내 두 번째 파트에서는 자녀의 특성과 부모의 행동에 대해 살펴보겠습니다. 자녀의 마음을 이해하기 위해서는 자녀의 연령과 그에 따른 특성을 이해할 필요가 있습니다. 같은 어려움을 겪더라도 영유아, 학년 전기, 학년기, 청소년기에 따라 행동 양상이 다르기 때문입니다. 따라서 이러한 발달 특성에 맞춰 자녀가 이혼이라는 급격한 변화 속에서 잘 적응할 수 있도록 어떻게 적절하게 도와줄 수 있는지를 살펴보겠습니다.

영유아 자녀들은 양육자와의 애착을 형성하는 단계에 있습니다. 이 시기에 양육 환경이 급격하게 변하면 자녀들이 민감하게 반응하게 됩니다. 만약 양육자를 갑자기 바꾸면 아이들은 불편하고 어려운 감정을 울음으로 표현하며, 친밀한 대상과 분리되는 것에 대한 불안감을 느낄 수 있습니다. 이로 인해 배변 훈련이나 식습관에서 퇴행이 나타나기도 하고, 발달 지연이 발생할 수도 있습니다.

그렇다면 영유아 자녀를 둔 부모는 어떻게 행동해야 할까요? 영유아는 양육 환경에 민감하기 때문에 자녀의 욕구를 면밀히 파악하고 일관된 태도로 대응해야 합니다. 양육자를 갑자기 분리시키는 등의 급격한 변화를 피하도록 배려해야 하며, 자주 자녀와의 신체 접촉을 통해 사랑을 표현하는 것이 중요합니다. 만약 아이가 퇴행 행동이나 발달 지연을 보인다면 조급해하지 말고 인내심을 가지고 변화를 면밀히 관찰할 필요가 있습니다.

다음으로 유치원 아동의 특성을 살펴보겠습니다. 부모님들은 유치원 아동이 아직 어려서 잘 모를 것이라고 생각할 수 있지만, 이 연령대의 아이들도 부모에게 어떤 일이 일어나고 있는지를 어느 정도 인지할 수 있습니다. 부모가 싸워서 한쪽이 집을 나가면, 아이는 "나는 어떻게 되는 거지?"라는 구체적인 걱정을 하게 되고, 이로 인해 불안감이 커질 수 있습니다.

인지 발달 측면에서 이 아이들은 자기중심적인 특성이 강해 부모의 갈등이나 이혼의 원인을 자신에게 돌리기도 하며, 이로 인해 죄책감이 생길 수 있습니다. "내가 그런 걸 했기 때문에 이렇게 된 건가?" 하는 죄책감과 함께 불안감이 더욱 증가하게 됩니다. 이러한 상상력과 사고 능력은 발달하지만, 감정 조절 능력은 여전히 부족합니다. 그래서 불편한 감정이 계속되거나 화가 나면 떼를 쓰거나 부모에게 화를 내는 모습을 보이게 됩니다. 이러한 심리적 어려움은 기능 평가에서 증상으로 나타나기도 합니다. 그렇다면 학령기 아동을 둔 부모는 어떻게 행동해야 할까요? 자녀가 떼를 쓰고 화를 낸다고 해서 곧바로 체벌하기보다는, 바람직한 대처 방법을 알려주는 것이 필요합니다. 특히 신체 증상이 나타날 경우에는 너무 조급해하지 말고, 그 행동을 급하게 바꾸려 하지 말고 기다려주며 아이가 안정을 찾을 수 있도록 환경을 조정해주는 것이 중요합니다. 이 시기에 아이들은 활동성이 증가하고 호기심이 많아지기 때문에, 다양한 경험을 함께 공유하는 것도 자녀의 불안한 마음을 안정시키는 데 도움이 될 수 있습니다.

다음으로 초등학생에 해당하는 학령기 자녀의 특성을 살펴보겠습니다. 이 시기의 자녀들은 부모의 이혼에 대해 다양한 방식으로 반응합니다. 아직 이혼을 받아들이지 못하고 부모의 재결합에 대한 막연한 기대감을 가지기도 하며, 한쪽 부모가 떠날 것에 대한 걱정과 불안으로 인해 보호자에게 지나치게 의존하거나 심리적으로 위축되는 모습을 보일 수 있습니다. 비난이 심해지면 한쪽 부모의 편을 들고 싶어 하며, 반대편을 비난하기도 합니다. 이 시기는 자녀의 사회적 관계가 학교와 친구로 확장되는 시기지만, 가정 내 어려움과 불편한 감정을 자유롭게 표현하지 못하면 학습에 어려움을 겪거나 학교에서 문제 행동을 나타낼 수 있습니다.

그렇다면 초등학생 자녀를 둔 부모는 어떻게 행동해야 할까요? 자녀 앞에서 다른 부모에 대해 비난하거나 험담하지 않도록 주의해야 하며, 자녀의 불안감을 진정시킬 수 있도록 현재 상황에 대해 객관적으로 설명해 주는 것이 필요합니다. 또한, 자녀의 학교 생활과 여러 행사에 적극 참여하여 부모의 역할을 계속해서 해주는 것이 좋습니다. 자녀가 이혼으로 인해 느끼는 다양한 감정을 자연스럽게 표현할 수 있도록 도와주어야 합니다.

중고등학생에 해당하는 청소년기를 살펴보겠습니다. 이 시기의 자녀들은 부모와 상관없이 자신의 삶을 자기 방식대로 살아가고자 하는 독립의 욕구가 커지는 시기입니다. 그렇기 때문에 부모 이혼 자체에 대해서도 스트레스를 받지만 부모의 이혼으로 인해서 이사를 하고 전학를 해야 되는 상황이 생기면 거기에 대해서도 좀 감도를 나타내기도 합니다. 심한 경우에는 무단결근 무단 출석 다 그 다음에 방황과 같은 이제 행동 내상에 문제가 발생하기도 하고 이제 무기력감 우울감과 같은 정서 상태에서도 이제 문제가 발생하기도 합니다. 반대로 이제 부모의 관계에 있어서 지나치게 책임감을 느끼고 이것을 도와줘야겠다는 생각이 나이에 먹지 않게 어른처럼 행동하는 양상이 나타날 수도 있습니다. 청소년기 자녀를 둔 부모는 이제 자녀가 비행을 저지를 가능성은 없는지 이제 집중력이 떨어지거나 피로감을 이제 호소하지는 않는지 학교 생활에 잘 적응을 하는지 여러 가지 부분을 면밀하게 점검할 필요가 있습니다. 그리고 이제 자녀가 또 문제 행동이나 부정적인 감정을 나타낸다 하더라도 그것을 지적을 하고 공개를 하기보다는 자녀의 이야기를 관심 있게 들어주고 공감을 먼저 해주는 것이 우선이 돼야 됩니다. 그리고 간혹 청소년기 자녀에게 심리적으로 의존을 하고 또 그것을 통해서 위로를 받으려는 부모님들이 있습니다. 그것은 자녀에게 과도한 책임을 구하는 것이기 때문에 그러시지 않도록 유의를 하셔야 됩니다. 우리가 살펴봤듯이 자녀들도 이제 스트레스를 받으면서 심리적으로 불안정하고 전반적으로 불안감 이제 부담감이 이제 반포되는 경우가 많은데요. 그럴 때마다 '이것은 너희 잘못이 아니야. 너에 대한 사랑은 변함없어'와 같은 메시지를 일관되게 표현을 해 주신다면 자녀들도 점차 안정을 찾아갈 수 있을 것입니다.

지금까지 자녀의 적응을 돕는 부부의 행동에 대해서 살펴봤습니다. 정리를 하자면, 자녀가 급격한 변화를 겪지 않도록 배려를 해 주셔야 됩니다. 그리고 자녀가 부모의 이혼에 대해 수치심을 느끼지 않도록 도와주셔야 됩니다. 그러기 위해서는 부모가 먼저 자신의 감정을 잘 정리하고 변화된 생활에 잘 적응하는 모습을 보여줌으로써 자녀가 이제 부모의 이혼이 큰 사건이고 창피한 사건이 아니다라는 것을 느끼도록 해 주셔야 됩니다. 그리고 자녀가 갖는 감정에 대해서 서로 많이 대화를 하는 것도 도움이 될 수 있습니다. 이렇게 부모가 노력을 했는데도 불구하고 전문가의 도움이 필요한 경우가 있습니다. 자녀의 어려움이 장기화될 때, 그리고 그것이 점점 더 심해질 때, 그리고 막상 또 자녀를 돌보는 부모가 너무나 심리적으로 어려웠고 불안정해질 때는 전문가의 도움을 받아서 이제 적 안정을 찾아가는 것이 중요합니다.

part 3: 자녀 복지를 위한 협의사항

마지막으로 이혼을 앞둔 부모라면 가장 궁금해하고 가장 관심 있어야 할 자녀의 복지를 위한 협의 사항에 대해서 안내해 드리도록 하겠습니다. 협의 사항은 이제 논의하기에 앞서서 소송에 불만

태도에 대해서 말씀드리고 싶은데요. 소송에 임하는 태도에 대해서 좀더 살펴보도록 하겠습니다. 힘들게 이혼 소송을 제기한 만큼 사람들이 굉장히 예민해지는 경향이 있습니다. 위자료를 많이 받고 싶고, 재산 분할을 많이 받고 싶고 또 그것을 위해서 각종 자료를 제출하면서 많이 노력합니다. 하지만 자녀에 관한 문제만큼은 이제 법적인 다툼이나 갈등보다는 문제 해결 중심으로 접근하셨으면 좋겠습니다. 자녀를 위한 최선의 방법은 무엇인지, 자녀를 위해서 어떻게 결정을 해야 되는지, 그리고 문제 해결 적극적으로 이제 좀 진행을 하셨으면 좋겠습니다.

부모의 이혼은 자녀에게 스트레스를 유발할 뿐만 아니라, 이사나 전화 등의 상황에서도 감정적으로 영향을 미칠 수 있습니다. 심한 경우에는 무단결근이나 무단출석과 같은 행동 문제로 이어지며, 무기력감이나 우울감 같은 정서적 문제도 발생할 수 있습니다. 반대로, 부모의 관계에서 지나치게 책임감을 느끼고, 이를 도와주려는 생각으로 성숙한 행동을 하게 될 수도 있습니다.

청소년 자녀를 둔 부모는 자녀가 비행을 저지를 가능성이나 집중력 저하, 피로감을 느끼는지, 학교 생활에 잘 적응하고 있는지를 면밀히 점검해야 합니다. 자녀가 문제 행동이나 부정적인 감정을 보일 경우, 이를 지적하기보다는 자녀의 이야기를 듣고 공감해 주는 것이 우선되어야 합니다. 때때로 부모가 자녀에게 심리적으로 의존하고 위로를 받으려 할 수 있는데, 이는 자녀에게 과도한 책임을 부여하는 것이므로 주의해야 합니다.

자녀들도 스트레스를 받고 심리적으로 불안정한 상황에 처해 있을 수 있으므로, "너의 잘못이 아니야. 너에 대한 사랑은 변함없어"라는 메시지를 지속적으로 전달하면 자녀가 안정을 찾는 데 도움이 될 것입니다. 자녀의 적응을 돕기 위해서는 급격한 변화를 피하고, 자녀가 편안하게 시간을 보낼 수 있도록 지지해야 합니다. 또한, 자녀가 부모의 이혼에 대해 수치심을 느끼지 않도록 하기 위해 부모가 자신의 감정을 정리하고 변화된 생활에 잘 적응하는 모습을 보여주는 것이 중요합니다. 자녀와의 대화도 큰 도움이 될 수 있습니다.

　　부모가 이러한 노력을 했음에도 불구하고 자녀에게 어려움이 장기화되거나 심해질 경우, 전문가의 도움을 받는 것이 중요합니다. 자녀를 돌보는 부모가 심리적으로 힘든 상황이라면, 전문가의 지원을 통해 안정을 찾는 것이 필요합니다. 도움을 받을 수 있는 기관으로는, 학교나 교육청에 설치된 상담 센터와 각 지역의 청소년 상담복지센터, 정신건강복지센터가 있습니다. 부모는 정신건강복지센터와 지역 가족센터를 활용하면 큰 도움이 될 수 있습니다. 마지막으로, 이혼을 앞둔 부모는 자녀의 복지를 위해 협의해야 할 사항들에 대해 신중히 논의해야 합니다. 소송 과정에서의 태도는 자녀에게 큰 영향을 미치므로, 법적 다툼보다는 문제 해결 중심으로 접근하는 것이 중요합니다. 자녀를 위한 최선의 방법을 고민하고, 해결책을 적극적으로 모색해야 합니다. 간혹 당사자와 비교하기 싫어하는 사람들이 많습니다. 그래서 판사님이나 변호사가 알아서 처리해줄 것이라고 생각하며 위기를 회피하려고 합니다. 하지만 자녀에 대해 가장 잘 아는 사람은 변호사나 판사가 아니라 부모 자신입니다. 따라서 자녀 문제 해결의 주체는 부모라는 점을 잊지 말고, 자녀를 위해 어떤 선택을 해야 할지 고민한 후 상대방과 문제 해결을 중심으로 대화하고 협의하는 것이 바람직합니다.

자녀와 관련된 문제를 해결하기 위해서는 크게 세 가지 결정을 해야 합니다. 첫 번째는 친권자와 양육자 지정입니다. 친권이란 자녀의 재산을 관리하고 법률행위를 기대할 권리입니다. 예를 들어, 자녀의 통장 관리, 휴대폰 개설, 여권 및 비자 발급 등이 이에 해당합니다. 이혼 전에는 부모 모두가 친권자지만, 이혼 후에는 누가 친권을 행사할지를 결정해야 합니다. 친권자는 반드시 엄마와 아빠를 의미하지 않으며, 이혼 후에도 가족관계 증명서에 부모의 이름은 변함없이 기재됩니다. 양육권은 자녀와 함께 살며 실제로 돌볼 권리와 의무를 말합니다.

이러한 친권과 양육권은 자녀의 동의를 최우선으로 고려하여 결정해야 합니다. 자녀가 느낄 수 있는 물리적, 심리적 변화를 최소화할 수 있는 사람이 양육자로 지정되는 것이 좋습니다. 양육 환경 조사를 통해, 혼자서 양육할 수 없다고 판단해 고향으로 가겠다는 경우도 있지만, 그럴 경우 아이는 한쪽 부모와 떨어져 살고, 새로운 환경에 적응해야 하므로 큰 스트레스를 받을 수 있습니다. 따라서 자녀의 현재 상황을 최대한 보존할 수 있는 사람이 양육자가 되는 것이 바람직합니다.

양육권 다툼이 치열해지면서, 한쪽 부모가 아이를 각각 키우겠다고 주장하는 경우도 있습니다. 그러나 분리 양육은 아이에게 심리적 어려움을 가중시킬 수 있으며, 형제 자매 간의 우애 형성 기회를 박탈할 수 있습니다. 이혼 후에도 친권과 양육권은 쉽게 변경되지 않으므로, 처음부터 신중하게 선택해야 합니다. 친권자와 양육자를 결정한 후에는 면접교섭을 어떻게 할지 정해야 합니다. 면접교섭권은 자녀와 함께 살지 않는 부모가 자녀를 만날 권리입니다. 양육자는 자녀와 따로 사는 부모가 면접교섭을 원활하게 할 수 있도록 도와줄 의무가 있습니다. 자녀는 면접교섭을 통해 양쪽 부모의 사랑과 관심을 느끼며 건강하게 성장할 수 있습니다.

간혹 당사자와 비교하는 것이 싫어서, "나는 무조건 판사님이 해 주시는 대로 따르겠다"거나 "변호사가 알아서 해줄 것이다"라고 말씀하시며 상대방과의 위기를 회피하는 사람들이 많습니다. 하지만 자녀에 대해 가장 잘 아는 사람은 변호사도 판사도 아닌 바로 부모 자신입니다. 따라서 자녀 문제의 해결 주체는 부모임을 잊지 마시고, 자녀를 위해 어떤 선택을 해야 하는지, 그리고 자녀 문제에 대해 어떻게 더 잘할 수 있을지를 고민한 후 상대방과 문제 해결 중심의 대화를 이어나가고 협의하는 것이 바람직합니다.

PART
03

후견 상담

후견 상담위원의 상담매뉴얼

후견 상담은 전문적인 훈련을 받은 상담사가 어려움을 겪는 내담자와 상호작용하여, 내담자의 문제 해결과 행복한 삶을 돕는 과정입니다.[1] 이러한 상담은 단순히 괴로움을 이야기하는 것에 그치지 않고, 내담자의 심리적 변화를 포함해야 합니다. 이를 바탕으로, 총 4번의 상담을 진행한다는 가정하에 상담위원의 주된 역할을 소개하고자 합니다.

1회기: 라포 형성, 목표 설정, 감정 표출, (필요시) 심리평가

- 내담자와의 라포(rapport) 형성
- 내담자의 어려움과 문제 상황 파악
- 내담자의 강점과 자원 탐색

상담사는 내담자와 편안하고 신뢰할 수 있는 관계를 구축해나

---

[1] 후견제도는 정신적 제약으로 스스로 의사를 결정하거나 실현하는 데 어려움을 겪는 사람이 후견인의 도움을 받아 존엄한 인격체로서 자신의 삶을 영위해 나갈 수 있도록 보호하고 지원하는 제도입니다(서울가정법원, 2024).

가는 것이 매우 중요합니다. 라포 형성은 모든 상담에서 기초가 되는 작업입니다. 상담사는 내담자의 입장에서 상담 내용과 향후 진행 방향을 명확히 설명할 필요가 있습니다. 또한 내담자가 상담을 통해 바라는 점을 파악하는 것도 중요합니다.

특히 후견 상담의 경우, 내담자가 부양으로 인한 어려움을 호소하는 경우가 많습니다. 따라서 상담사는 내담자의 스트레스, 외로움, 불안, 우울 등 부정적인 정서 완화를 위해 적극적으로 경청하는 자세가 필요합니다.

다음과 같은 질문들은 내담자가 자신의 힘든 심정을 토로하고 긍정적인 정서 경험을 유도하는 데 도움이 될 수 있습니다.

- 현재 어려움을 겪고 계신 부분은 무엇인가요?
- 그런 상황에서 주로 어떤 감정을 느끼고 계신가요?
- 이러한 어려움을 해결하기 위해 어떤 노력을 해오셨나요?
- 어려움을 극복하기 위해 어떤 도움이 필요하신가요?

필요시 상담사는 스트레스 척도, 우울 척도, 소진 척도 등의 객관적인 평가 도구를 활용하여 내담자의 심리적 상태를 파악할 수 있습니다. 다만 고령이거나 정서적으로 안정되지 않은 경우에는 이러한 평가가 적합하지 않을 수 있으므로, 내담자의 상황을 잘 고려해야 합니다.

- 상담에 자발적으로 참여하셨습니까, 아니면 법원 관련 관계자의 권유를 받으셨습니까?

- 상담의 동기는 무엇입니까?

- 상담을 마친 후 어떠한 변화를 경험한다면 만족스러우시겠습니까?

- 가족의 전반적인 상황에 관해 말씀해주시겠습니까?

- 신체적으로 가장 힘든 부분이 있습니까, 그렇다면 무엇입니까?

- 요즘 자주 경험하는 감정은 무엇입니까? (감정 카드나 감정 단어 목록 제시)

- 요즘 심리적으로 가장 힘들 때는 언제입니까?

- (신체/정서/인지적으로) 힘들 때는 주로 무엇을 하십니까? 그 활동이 당신에게 어떠한 이유로 도움이 되었다고 생각하십니까?

2회기: 문제 원인 심층탐색 및 자기 이해 증진

- 내담자의 문제 원인에 대한 심층 탐색
- 내담자의 심리적 변화를 이끌어내기 위한 개입 전략 수립
- 내담자의 자기 이해 증진 및 통찰 도모

상담사는 내담자가 일상생활에서 주로 어떤 스트레스를 경험하는지 파악해 봐야 합니다. 예를 들어, 후견자나 피후견자, 또는 양쪽 모두가 신체적 질병으로 인해 거동이 불편한 경우, 경제적 여건으로 인한 심리적 부담, 보조인들과의 갈등 등이 스트레스 요인

이 될 수 있습니다. 따라서 상담사는 내담자가 처한 구체적인 상황에서 스트레스의 대상이 누구인지, 어떤 감정이 발생하는지, 스트레스가 어느 정도 수준인지 등 스트레스원을 면밀히 탐색할 필요가 있습니다.

동시에 중요한 것은 이러한 스트레스를 어떻게 관리해나갈 수 있는지, 관리 과정에서 활용할 수 있는 개인 내외적 자원은 무엇인지 살펴보는 것입니다. 이를 통해 내담자는 자신이 지닌 강점과 자원을 발굴하고, 보다 나은 대처 능력을 키워나갈 수 있습니다. 특히 상담사는 내담자가 스트레스와 문제 자체에 집중하는 것에서 벗어나, 그 문제를 바라보는 시각을 새롭게 하는 데 집중할 수 있도록 돕는 것이 중요합니다. 이를 통해 내담자가 자신의 상황을 재인식하고 긍정적인 변화를 모색할 수 있도록 지원해야 합니다.

내담자가 자신의 스트레스 상황에 대처할 수 있는 자원과 강점을 파악하는 데 도움이 될 수 있는 질문들은 다음과 같습니다.

스트레스 상황에 대처할 수 있는 자원과 강점을 파악하는 데 도움이 되는 질문

- (많이 고통스럽다고 하셨는데요. 그럼에도 불구하고) 한 주 동안 마음이 가장 편안한 때는 언제였나요?
- (여러 문제가 있음에도 불구하고) 당신은 어떻게 운동하고 명상을 할 수 있습니까? 이러한 힘은 어디에서 발생한다고 보십니까?
- 당신이 지닌 강점을 세 가지 형용사로 표현해주세요. 그 단어들은 어떠한 의미를 갖습니까?

- 당신은 누구와 함께 있을 때 가장 마음이 즐겁습니까?

- 당신은 무엇을 할 때 마음이 편안합니까?

- (당신의 마음이 불안하고 우울할 때) 당신이 보다 괜찮은 기분을 갖기 위해 할 수 있는 일은 무엇입니까?

이러한 질문들을 통해 상담사는 내담자가 겪는 어려움에도 불구하고 긍정적인 자원과 강점을 발견할 수 있도록 도울 수 있습니다. 내담자가 자신의 힘과 잠재력을 인식하게 되면, 스트레스 상황에 보다 효과적으로 대처할 수 있을 것입니다.

3회기: 실천역량 강화, (실천 가능한) 자기돌봄 활동 탐색

- 내담자가 수립한 변화 목표 점검 및 지지
- 실제적인 행동 변화를 위한 실천 계획 수립
- 내담자의 동기 강화 및 자기 효능감 증진

상담사는 내담자가 후견 활동 과정에서 지친 자기 마음을 돌보아 나갈 수 있도록 내면의 힘을 강화해줍니다. 구체적으로 일상생활에서 자기 마음을 돌보기 위해 어떠한 활동들을 할 수 있는지 발굴해 나갑니다.

동시에 롤플레이를 통한 훈련을 통해 실제 일상에서 이러한 활동들을 실천할 수 있도록 연습합니다. 예를 들어, 내담자가 짧은 3분 명상을 통해 자신의 마음을 돌본다고 말한 경우, 실제로 명상을 해보도록 합니다. 명상을 마친 후 내담자가 경험한 신체적, 정서적, 인지적 변화에 대해 이야기하도록 합니다.

　이러한 과정을 통해 내담자는 자신의 자기 돌봄 행위의 의미를 새롭게 발견하고, 자기 마음을 돌보는 동기를 강화할 수 있습니다. 상담사는 내담자가 실제 일상에서 이러한 활동들을 지속적으로 실천할 수 있도록 지원합니다.

명상 방법

명상은 내담자의 성찰 수준, 명상 경험 여부, 물리적 환경 등 여러 요인에 따라 접근 방법이 다르게 설명되어야 합니다. 하지만 일상에서 실천할 수 있는 간략한 명상 방법들을 알려드릴 수 있겠습니다.

호흡 명상
- 눈을 감고 코로 숨을 들이마시고 입으로 내쉽니다.
- 호흡에 집중하면서 마음을 안정시킨다.

요가 명상
- 자신에게 가능한 요가 동작을 하면서 호흡과 동작에 집중합니다.
- 몸의 긴장을 풀고 마음을 안정시킵니다.

걷기 명상
- 산책을 하면서 걸음걸이에 집중합니다.
- 자신의 주변 환경을 관찰하면서 마음을 안정시킵니다.

이러한 간단한 명상 방법들을 통해 내담자는 일상생활 속에서 자신의 마음을 돌볼 수 있습니다. 상담사는 내담자의 상황과 필요에 맞추어 적절한 명상 방법을 제안하고, 실천을 지원할 수 있습니다.

4회기: (지속적인) 심리적 지지, 정보 제공

- **내담자의 변화 과정 및 성과 점검**
- **지속적인 변화를 위한 방안 모색**
- **추후 관리 및 지지 체계 구축**

상담사는 내담자와의 상담 과정을 회상하며, 내담자가 후견 활동에 대해 스스로 의미를 부여할 수 있도록 돕습니다. 이를 통해 내담자가 자신의 역할과 경험을 긍정적으로 인식하고, 앞으로의 활동에 대한 동기를 강화할 수 있습니다. 또한 내담자는 의료, 법률, 복지 등 다양한 영역에서 정보와 지원이 필요한 경우가 많습니다. 예를 들어, 고령의 후견인이 법원 업무 관련 내용을 이해하기 어려워하거나, 지역 사회복지 서비스 이용 방법을 모르는 경우가 있습니다. 따라서 상담사는 내담자가 거주하는 지역을 중심으로 가까운 지역사회 기관과 제도를 소개해 주어야 합니다. 이를 통해 상담이 종료된 후에도 내담자가 적절한 도움을 받을 수 있도록 지원합니다.

예를 들어 법률 문의를 위한 무료 법률 상담 센터, 노인 복지 서비스를 제공하는 지역 사회복지관 등을 안내할 수 있습니다. 상담사는 내담자가 필요로 하는 정보와 자원을 구체적으로 제공함으로써, 내담자의 자립성과 자기 관리 능력 향상을 도모할 수 있습니다.

상담사는 후견인이 행정 처리에 어려움을 겪지 않도록 주변 자원 활용, 관련 기관 정보 제공, 상세한 설명 등 다각도로 지원해야 합니다.

고령의 후견인으로 행정처리가 어려운 경우

고령의 후견인이 행정 처리에 어려움을 겪는 경우, 상담사가 제공해야 할 지원 방안을 다음과 같이 정리하겠습니다.

후견인의 주변 환경 네트워크 탐색

- 후견인 주변의 가족이나 친족이 후견 업무를 보조할 수 있는지 확인

- 가족 및 친족의 도움 가능성을 파악하여 후견인을 지원할 수 있는 방안 모색

법원 담당자 및 지역사회 기관 연락처 제공

- 법원 담당자의 연락처를 공유하여 필요 시 법적 문의를 할 수 있도록 지원

- 지역 동사무소, 구청 등의 연락처를 제공하여 행정 처리를 도울 수 있는 기관 안내

행정 자료에 대한 자세한 설명

- 법률 용어 등 이해가 어려운 부분을 정확하게 해석하고 설명

- 후견인이 서류를 이해하고 처리할 수 있도록 상세히 안내

지역사회 제도이용 방법 및 연락처 등 정보제공

- 보험 처리, 이사 등 후견인이 필요로 하는 정보를 파악하여 해결 방안 제시

- 동사무소, 우체국, 병원 등 지역사회 자원 이용 방법을 상세히 안내

- 특히 고령으로 인터넷 접근이 어려운 경우 더욱 자세한 설명 제공

이 장에서는 가상의 인물 김금자(가명)와 서지수(가명)를 사례로 들어, 후견 상담이 어떻게 이루어질 수 있는지 예시를 제시하고자 합니다. 또한 후견 상담 과정에서 상담위원의 역할은 무엇인지에 대해서도 함께 설명하고자 합니다.

이를 통해 독자들이 실제 후견 상담의 상황을 보다 구체적으로 이해하고, 면접 상담위원이 어떤 방식으로 개입하고 지원할 수 있는지 파악할 수 있을 것입니다.

CASE 1: "어쩌다 이 지경이 된 건지 모르겠습니다."

이름: 김금자(가명)

나이: 70대 중반

상담 기간: 총 3개월

상담 방식: 후견인 자택으로 방문하여 상담을 진행함

법원 의뢰 시 상담목표: 후견인의 정서안정과 신상보호의지 회복에 있음

후견인의 호소 내용: (후견인은 거동이 불편하여 거의 종일 자신의 집에 머물러 있는 상황임). "딸이랑 둘이 지내요. 다행인지 불행인지... 어쩌다 이렇게 됐는지 모르겠습니다. 젊었을 때 자존심 강하고 잘 살았는데 노후가 좋지가 못하죠? 딸로 저렇게 교통사고 크게 나서 절뚝거리고 다니는데... 나까지 이렇게 한번 크게 넘어진 이후로 수술을 몇 차례해도 잘 회복되지가 않습니다. 일주일에 세 번 아줌마가 오셔서 정리도 해주고 김치도 담궈주고 하잖아요. 참 감사한 일이죠. 감사해야죠? 감사해야 하는데 잘 안됩니다. 이렇게 날씨가 좋은데 동네 마실도 가고 시장도 한 바퀴 돌고 오면 좋잖아요. 삼발이 짚고 다니다 보니 또 넘어질까봐 딸도 나가지 못하게 하죠. 저도 집에 있는 게 그나마 편하고요.

뭐하러 오셨수? 나 같은 사람 상담 해봤자 뭐 방법이 있습니까? 그냥 이렇게 살다 죽는 거지. 어렸을 때 우리 아버지가 날 그렇게 귀하게 키워서 좋은 고등학교까지 다녔는데, 꿈에 부풀었던 젊은 날이 그리울 뿐입니다. 하하하. 웃어야죠? 좋은 집에서 태어났는데 남편 잘 못 만난 건지 내 팔자가 이런 건지. 하여간 이제 남은 날 더 아프지 말고 큰 사고 없이 조용히 살다 가는 게 꿈이죠."

후견 상담 위원이 후견자 김금자(가명)를 정해진 상담 기간 중 3회 만나며 진행한 상담 내용은 다음과 같습니다.

1회기 라포 형성, (공감과 경청을 통한) 부정적 정서의 표출

상담 위원은 내담자의 자서전적 이야기, 즉 딸의 교통사고로 인한 장애, 남편과의 별거와 이혼, 거동이 불편하여 자유롭게 다니지 못하는 어려움

등을 경청하며 내담자의 부정적 정서 표출을 지지하고 격려하였습니다. 이를 통해 내담자가 자신의 모습 그대로를 수용할 수 있도록 정서적으로 지지해주었습니다. 상담 위원은 내담자의 어려움을 공감하고 이해하는 태도로 접근하여, 내담자가 자신의 상황을 긍정적으로 인식할 수 있도록 하였습니다.

2회기 '문제'보다 '자원'에 초점

상담 위원은 내담자의 열악한 환경적 조건에 집중하기보다는, 내담자가 지닌 강점에 초점을 두었습니다. 구체적으로 내담자의 포기하지 않는 끈기와 노력, 긍정적 마인드, 인지력 등에 주목하며 "어떻게 어려움을 견뎌왔는지"에 대해 집중하여 이야기를 나누었습니다. 이를 통해 내담자는 자신의 내면에 내재된 강점에 집중할 수 있었고, 현재와 미래 중심으로 조금이나마 희망을 찾아나갈 수 있었던 것으로 보입니다.

상담 위원은 내담자가 가진 긍정적 자원과 잠재력에 주목함으로써, 내담자 스스로 자신의 강점을 인식하고 활용할 수 있도록 이끌어 주었습니다. 이는 내담자가 어려운 상황 속에서도 포기하지 않고 버텨낼 수 있는 원동력이 되었을 것으로 생각됩니다.

3회기 내담자의 감정 강화, 자원 발굴

상담 위원은 내담자가 자연 다큐멘터리에 관심이 높고, 연령에 비해 뛰어난 인지력을 보이는 점에 주목하였습니다. 또한 타인의 이야기를 경청해주는 배려와 돌봄의 자원도 충분한 것으로 파악하였습니다. 이를 바탕으로 상담 위원은 내담자가 자신의 환경에서 '없는 것'보다 '있는 것'에 집중할 수 있도록 격려하였습니다. 특히 내담자가 종교를 갖고 있다는 점에 주목하여, 소소한 일상에서 감사한 일들을 구체적으로 헤아려보도록 하였습니다. 이를 통해 내담자는 자신의 강점과 긍정적 자원에 초점을 맞추며, 현재의 삶에서 발견할 수 있는 작은 기쁨과 행복을 인식할 수 있었습니다. 이는 내담자의 내면을 강화하고 정서적 안정을 도모하는 데 기여하였을 것으로 보입니다.

상담위원의 종합의견: 상담 초기, 내담자는 자기 표현이 매우 완고하고 고집스러운 성격적 특성을 보였습니다. 특히 딸의 교통사고와 자신의 병든 몸에 대해 비난하며 원망을 반복적으로 표현하였습니다. 그러나 단기간의 상담이었지만 내담자는 자신의 심리 내면에 존재하는 부정적 정서를 표출하는 과정을 경험하였고, 이를 통해 자신의 감정과 욕구를 점차 인식하게 되었습니다.

이 과정에서 내담자는 자신의 과거를 돌아보고, 현재와 미래 중심으로 자신이 하고 싶고, 할 수 있는 일에 집중하게 되었습니다. 이를 통해 일상에서 실천할 수 있는 행복 추구 방안을 탐색하게 되었습니다. 그러나 내담자의 환경은 매우 열악한 상황이었습니다. 딸과 자신의 거동 불편, 병원 방문 시 보조인이 필수적인 상황 등으로 인해 내담자 스스로 여러 상황을 케어하며 경제적 책임까지 져야 하는 어려움이 있었습니다. 따라서 내담자에게는 간헐적인 심리지원 서비스가 필요할 것으로 보입니다. 이를 통해 내담자가 자신의 내면을 지속적으로 탐색하고, 현재 상황을 긍정적으로 받아들이며 미래를 준비할 수 있도록 지원할 필요가 있습니다.

CASE 2: "미쳐버리지 않은 게 다행이겠죠?"

이름: 서지수(가명)
나이: 70대 초반
상담 기간: 총 3개월
상담 방식: 후견인 자택으로 방문하여 상담을 진행함
법원 의뢰 시 상담목표: 후견인의 스트레스와 완화 및 정서적 지지, 피후견인의 정신병리적 문제에 대한 이해

후견인의 호소 내용: 후견인은 자신이 남편과 이혼한 과정을 설명하며, 그동안 얼마나 힘들고 고통스러운 세월을 살아왔는지 호소하였습니다. 후견인에게는 20대 후반의 아들 2명이 있는데, 이들이 정신분열증으로 인해 법적 소송과 돌봄 노동으로 지쳐 있는 상태였습니다.

후견인 자신은 서울의 한 건물 병원에서 환경미화원으로 일하고 있지만, 집에서도 자녀들을 돌보고 가사 일을 병행해야 하므로 매우 심리적 부담을 느끼고 있었습니다. 이처럼 후견인은 이혼, 자녀의 질병, 경제적 어려움 등 복합적인 문제에 직면해 있었으며, 이로 인해 상당한 심리적 스트레스를 받고 있는 상황이었습니다.

후견 상담 위원이 후견자 김금자(가명)를 정해진 상담 기간 중 3회 만나며 진행한 상담 내용은 다음과 같습니다.

공감과 경청, 고통스러운 과거에 관해 호소하여 부정적 정서가
표출되도록 함

상담 위원은 내담자의 삶의 이야기, 즉 남편과의 이혼, 자녀의 정신병리적 문제로 인한 여러 차례의 소송, 병원 환경미화 노동의 고충 등을 경청하며 내담자의 부정적 정서 표출을 지지하고 격려하였습니다. 이를 통해 내담 자가 자신의 모습 그대로를 수용할 수 있도록 정서적으로 지지해주었습니다. 상담 위원은 내담자의 어려움을 공감하고 이해하는 태도로 접근하여, 내담자가 자신의 상황을 긍정적으로 인식할 수 있도록 도왔습니다.

2회기 **내담자의 감정 발굴(끈기, 노력과 긍정마인드 등)**

상담 위원은 내담자의 열악한 환경적 조건에 집중하기보다는, 내담자가 지닌 강점에 초점을 두었습니다. 구체적으로 내담자의 끈기, 노력, 긍정적 마인드 등에 주목하며 "어떻게 어려움을 견뎌왔는지"에 대해 집중하여 이 야기를 나누었습니다. 이를 통해 내담자는 자신의 내면에 내재된 강점에 집중할 수 있었고, 현재와 미래 중심으로 조금이나마 희망을 찾아나갈 수 있었던 것으로 보입니다.

상담 위원은 내담자가 가진 긍정적 자원과 잠재력에 주목함으로써, 내담 자 스스로 자신의 강점을 인식하고 활용할 수 있도록 이끌어 주었습니다. 이는 내담자가 어려운 상황 속에서도 포기하지 않고 버텨낼 수 있는 원동 력이 되었을 것으로 생각됩니다.

3회기 **(발굴한 감정에 기반하여) 미래 목표 수립, 긍정적인 자아이미지 확립**

상담 위원은 내담자가 글쓰기에 관심이 높고, 자신의 인생을 정리한 글을 단행본으로 출간하는 꿈을 가지고 있다는 점에 주목하였습니다. 특히 내담자가 암 투병을 어떻게 이겨낼 수 있었는지에 관해 글로 정리하기를 원하고 있었습니다.

또한 상담 위원은 내담자가 타인의 어려움을 경청해 주는 심리상담 영역에도 관심이 있다는 점을 파악하였습니다. 이에 따라 향후 내담자가 자원봉사자로서 활동할 수 있는 여러 경로에 대해 탐색해 보도록 하였습니다. 이를 통해 내담자는 자신의 강점과 관심사에 초점을 맞추며, 미래의 삶에 대한 구체적인 계획을 수립할 수 있었습니다. 특히 글쓰기와 심리상담 분야에서의 활동 가능성을 탐색함으로써, 내담자 스스로가 자신의 역량을 발휘할 수 있는 방향을 모색할 수 있었던 것으로 보입니다.

상담위원의 종합의견: 상담 초기, 내담자는 자기 표현이 매우 완고하고 독단적인 성격적 특성을 보였습니다. 하지만 단기간의 상담을 통해 내담자는 자신의 심리 내면에 존재하는 부정적 정서를 표출하는 과정을 경험하였고, 이를 통해 조금이나마 자기 내면의 정서가 무엇인지 알게 되었습니다.

그러나 내담자의 환경은 매우 열악한 상황이었습니다. 이혼 후 홀로 자녀를 돌보며, 자녀 모두가 정신병리적 문제를 겪고 있어 여러 상황을 돌보며 경제적 책임까지 져야 하는 어려움이 있었습니다. 따라서 내담자에게는 간헐적인 심리지원 서비스가 필요할 것으로 사료됩니다. 이를 통해 내담자가 자신의 내면을 지속적으로 탐색하고, 현재 상황을 긍정적으로 받아들이며 미래를 준비할 수 있도록 지원할 필요가 있습니다.

Q1 당신은 후견 상담위원의 역할 중에서 무엇이 가장 중요하다고 생각하십니까? 특히 상대방이 어떠한 사건에 관해 지속적으로 원망(파산, 신체적 질병, 부부관계의 파탄 등)하는 경우 상담위원으로서 어떻게 개입해야 한다고 생각하십니까?

Q2 (2024년 서울가정법원 기준) 전통적인 상담실 세팅과는 달리 후견 상담 위원은 현장으로 찾아가서 후견인 가정을 방문하는 상담방식입니다. 이 부분에 관해 일부 기존 전통적인 방식에 익숙한 상담 위원은 내담자 가정방문을 꺼리는 경우가 있습니다. 내담자 가정방문에 관해 상담위원의 신변보호는 어떻게 이루어져야 한다고 생각하십니까?

Q3 당신이 후견 상담위원으로 상담을 방문했으나, 내담자는 끊임없이 자신이 얼마나 힘들었는지에 관해 이야기합니다. 30분이 지났지만, 여전히 내담자는 자신의 일상이 얼마나 고통스러운지 이야기하고 있다면, 이 때 상담위원이 어떻게 개입하는 것이 적절하다고 생각하십니까?

아동학대 상담

우리나라에서는 학대받은 아동이 사망에까지 이르는 심각한 사건들이 연달아 언론에 보도되면서, 아동학대에 대한 대응과 예방을 위한 법과 제도가 많은 변화를 겪어왔습니다.

그럼에도 불구하고 2021년 기준으로 아동학대 발생 건수는 아동 십만 명당 502건으로 증가했습니다. 이는 2020년의 401건보다 높은 수치입니다. 아동학대 발생은 2014년부터 다시 급격히 증가하고 있습니다. 이처럼 우리나라에서는 아동학대 문제가 지속적으로 심각해지고 있으며, 이에 대한 대응과 예방 대책이 시급히 마련되어야 할 것으로 보입니다.

아동학대는 보호자를 포함한 성인이 아동의 건강 또는 복지를 해치거나 정상적 발달을 저해할 수 있는 신체적, 정신적, 성적 폭력이나 가혹행위를 하는 것과 아동의 보호자가 아동을 유기하거나 방임하는 것을 말합니다. 이는 「아동복지법」 제3조 제7호에서 정의되고 있습니다. 여기에서 '아동'은 만 18세 미만인 사람을 포함하며, '보호자'는 친권자, 후견인, 아동을 보호·양육·교육하거나 그러한 의무가 있는 자 또는 업무·고용 등의 관계로 사실상 아동을 보호·감독하는 자를 의미합니다.

「아동복지법」 제5조에 따르면, 보호자는 아동을 건강하고 안전하게 양육해야 하며, 아동에게 신체적 고통이나 폭언 등의 정신적 고통을 가해서는 안 됩니다. 법원의 특수한 장에서 이루어지는 아동학대 상담은 주로 행위자와 피해아동을 중심으로 시행되고 있습니다. 이는 법적 절차에 따라 아동학대 사건을 다루는 과정에서, 행위자의 행위와 피해아동의 상황을 집중적으로 다루어야 하기 때문입니다. 상담 과정에서는 행위자의 책임 있는 행동 변화와 피해아동의 심리적 치유 및 보호 방안 등이 주요 초점이 됩니다.

01

아동보호 재판실무

아동학대 예방을 위한 법원과 관련 기관의 협력 및 아동보호 사건 처리 절차는 다음과 같습니다. 아동학대 예방을 위해 법원과 다양한 기관이 협력하여 아동의 안전과 복지를 보장하고 있습니다. 아동보호 사건은 아동학대 범죄로 인해「아동학대 범죄의 처벌 등에 관한 특례법」상 보호처분 대상이 되는 사건을 의미합니다. 이러한 사건은 아동보호 재판에서 처리됩니다.

아동보호 사건의 처리 절차는 다음과 같습니다.

아동보호 사건의 처리 절차

1. 접수 및 송치

- 아동학대 범죄를 수사한 검사나 아동학대범죄 피고사건을 심리한 법원의 송치에 따라 접수됩니다.
- 가정법원이 관할하며, 관할법원이 설치되지 않은 지역에는 해당 지역의 지방법원이 관여합니다.

2. 임시조치 및 심리기일

- 판사는 아동학대 범죄에 대해 원활한 조사나 심리를 위해 임시조치를 내

릴 수 있습니다.

- 심리기일은 보조인 선임 이후 1회로 종결되며, 종결된 당일 보호처분이 결정됩니다.

3. 보호처분

- 보호처분은 아동학대 행위자에게 적용되는 처분으로, 아동과 가까운 관계인 경우, 평소 성격이 바르고 개선 가능성이 높은 경우 등이 해당합니다.
- 보호처분은 병과가 가능하며, 확정된 경우 아동학대 행위자에 대해 같은 범죄사실을 다시 공소 제기할 수 없습니다.

아동보호사건의 특성을 다음과 같이 정리하였습니다. 첫 번째, 사건의 복잡성입니다. 아동보호사건은 이혼사건, 친권자 및 양육권 지정과 변경, 면접교섭, 가정폭력과 소년사건 등 여러 사건이 동시 발생하거나 순차적으로 발생하는 경우가 많아 사건의 복잡성을 지니는 경우가 많습니다. 두 번째, 상담 목표입니다. 이 상담에서는 행위자 재발방지와 피해아동과의 관계회복이 주된 상담 목표입니다. 세 번째, 피해아동의 의사 파악입니다. 피해아동의 연령, 심리적 특성 등을 고려하여 그들이 진정으로 원하는 욕구가 무엇인지 파악할 필요가 있습니다. 마지막으로 지속적인 관리와 개입입니다. 사건에 대한 지속적인 관리와 개입이 필요한 경우가 많습니다. 이처럼 아동보호사건은 다양한 특성을 지니고 있어, 이를 고려한 전문적인 접근이 필요할 것으로 보입니다.

피해아동 의사 청취 시 유의점

• **아동의 연령과 발달 단계 고려**

아동의 나이, 가족관계 등 인구사회학적 특징과 심리적 특성에 기반하여 욕구(want)가 무엇인지 파악해야 합니다.

• **안전하고 편안한 환경 조성**

피해아동이 편안하고 안전하다고 느낄 수 있는 환경에서 대화를 나누어야 합니다.

• **아동의 신뢰 확보**

아동과 신뢰 관계를 형성하여 아동이 안전하게 자신의 의사를 표현할 수 있도록 해야 합니다. 이와 같은 유의점을 고려하여 피해아동의 의사를 세심하게 파악하는 것이 중요합니다.

• **비언어적 표현 관찰**

언어적 표현뿐만 아니라 표정, 몸짓, 눈빛 등 비언어적 표현도 함께 관찰해야 합니다.

• **강압적이지 않은 질문, 개방형 질문**

강압적이거나 유도적인 질문을 피하고, 개방형 질문을 활용해야 합니다.

보호처분의 결정

보호처분의 결정은 아래와 같습니다.

1호: 접근행위제한

피해아동으로부터 일정 거리 이내로 접근하는 것이 금지됩니다.

2호: 문자 통신 금지

법원은 아동학대 행위자에 대해 전화, 문자메시지, 이메일 등을 통한 피해아동과의 접촉을 금지하는 보호처분을 내릴 수 있습니다.

3호: 친권, 후견인 권한 행사의 제한 또는 정지

친권 정지란 부모가 아동에게 해를 끼치거나 아동의 복지에 중대한 위험을 초래할 때, 법원이 친권 행사를 정지할 수 있는 권한을 의미합니다. 후견인 권한 정지란 아동의 후견인이 아동에게 해를 주거나 적절한 보호를 하지 않다고 판단될 경우, 후견인의 권한을 정지하여 아동을 안전하게 보호할 수 있도록 조치하는 것입니다.

4호: 사회봉사, 수강명령(200시간 범위 이내, 다른 처분 병과, 아동학대 행위의 범죄성 인식제고를 위한 교육 명령 등)

4호 처분은 아동학대 행위자의 인식 개선과 재발 방지를 목적으로 합니다. 무보수 봉사활동과 교육 이수를 통해 행위자가 아동학대의 심각성을 깨닫고 건전한 사회 구성원으로 복귀할 수 있도록 합니다.

5호: 보호관찰(1년 이내, 정기적인 보호관찰서 출석, 준수사항 이행여부 및 피해아동과의 관계 등 생활상 보고)

아동학대 행위자에 대해 1년 이내의 보호관찰 기간을 부과할 수 있습니다. 또는 행위자는 정기적으로 보호관찰관에게 출석하여 생활 상황을 보고해야 합니다. 보호관찰관은 행위자의 준수사항 이행 여부와 피해아동과의 관계 등 생활 상황을 정기적으로 확인하고 보고받습니다. 이를 통해 행위자의 재범 방지와 피해아동과의 관계 회복을 도모하고자 합니다.

6호: 감호위탁(시설 내 처우)

감호위탁 처분은 아동학대 행위자의 재발 방지와 건강한 사회 복귀를 위해 필요한 경우에 내려집니다.

7호: 치료위탁(정신질환 또는 약물 남용에 기인하여 치료나 요양이 필요, 입원 또는 통원치료는 기관의 재량권)

이는 행위자가 정신질환 또는 약물 남용에 기인하여 치료나 요양이 필요한 경우 전문 기관에 위탁하는 것을 의미합니다. 이를 통해 행위자의 정신적, 신체적 건강 회복을 도모하고 궁극적으로 재발 방지를 목적으로 합니다. 치료위탁 기관의 전문적인 개입과 관리가 이루어지게 됩니다.

8호: 상담처분(아동보호전문기관, 상담소 등에서 1년 이내, 행위자가 피해아동을 보호, 동거관계 지속, 피해아동과의 관계 회복이 목표임, 부부간의 지속적인 갈등이 내재되어 있는 경우)

상담처분을 효과적으로 수행하기 위해서는 적합한 상담목표를 설정하는 것이 중요합니다. 먼저, 학대행위가 범죄라는 사실을 인식하도록 하는 것이 필요하고, 학대 행위에 대한 교정도 이루어져야 합니다. 또한, 양육 태도가 올바른지 평가하고, 부부 및 가족 간의 갈등, 성격적 특성, 기질적인 문제에 대해서도 점검할 필요가 있습니다. 게다가 우울증, 불안, ADHD, PTSD 등과 같은 정신병리적인 문제가 있다면, 증상 조절과 개선을 위한 조치가 필요할 수도 있습니다. 이런 절차를 통해 아동 학대 피해 아동을 보호하고 건강한 양육 환경을 조성하는 것이 최종 목표라고 할 수 있습니다.

보호처분의 절차

'법원의 보호처분, 보호명령 결정'이 이루어집니다. 행위자에 대한 보호처분과 피해아동 보호명령 결정이 이루어지고, 다음으로 '집행사건 직권 개시'로 재판부 직권개시서에 의하여 집행감독사건이 개시됩니다. 또한 조사관의 집행조사를 거쳐 아동보호전문가위원을 선정하게 됩니다. 그리고 아동보호 전문가위원에게 의뢰서를 송부합니다. 이때 행위자와 피해아동의 기본적인 정보를 담은 의뢰서를 송부하며, 이후 피해아동과 행위자 면담을 진행하고 정기적으로 보고서를 제출해야 합니다.

보호처분의 절차

- **법원의 보호처분 및 보호명령 결정**

법원은 아동학대 행위자에 대한 보호처분과 피해아동에 대한 보호명령을 결정합니다.

- **집행사건 직권 개시**

재판부의 직권 개시에 따라 집행감독사건이 개시됩니다.

- **조사관의 집행조사 및 아동보호전문가위원 선정**

조사관의 집행조사를 거쳐 아동보호전문가위원이 선정됩니다.

- **아동보호전문가위원에게 의뢰서 송부**

행위자와 피해아동의 기본 정보를 담은 의뢰서가 아동보호전문가위원에게 전달됩니다.

- **피해아동 및 행위자 면담 및 정기 보고서 제출**

아동보호전문가위원은 피해아동과 행위자를 면담하고, 정기적으로 보고서를 제출합니다.

이와 같은 일련의 절차를 통해 법원의 보호처분과 보호명령이 효과적으로 집행되고, 피해아동 보호와 행위자 관리가 이루어집니다.

아동보호 전문가위원의 역할

아동보호 전문가위원의 활동과 역할은 다음과 같습니다. 피해아동의 경우 상담 의뢰된 날로부터 매월 1회 이상 피해아동을 면담하며, 시설 내 적응 및 원가정 복귀 등에 대한 전문가 의견을 제공합니다.

행위자의 경우, 행위자의 처분 이행 및 효과성을 평가하고, 양육자로서의 준비와 피해아동과의 관계 개선 의지 및 노력을 파악합니다. 예컨대 행위자의 인식 개선을 위해 올바른 훈육 방법 안내, 부모 양육 교육 및 코칭 등을 실시합니다.

그리고 행위자─피해아동 상호작용 개입입니다. 구체적으로 피해아동의 시설 적응 여부, 시설 내 처우 확인, 원가정 복귀 가능성 검토합니다. 또한 행위자와 피해아동의 만남에 대한 상호작용 코칭 및 조언 제공하고, 피해아동의 가정 복귀 및 안착 여건을 확인합니다.

아울러 아동학대 재발방지를 위한 모니터링을 지속적으로 수행해야 합니다. 마지막으로 아동보호 전문가위원은 보고 의무를 지니는데요, 매월 1회 피해아동과 행위자와의 상담, 상담 사항에 관해 보고해야 합니다. 이와 같이 아동보호전문가위원은 피해아동과 가족을 지원하고 보호하는 핵심적인 역할을 수행합니다.

아동학대 상담 위원의 주요 역할

피해 아동상황 평가
- 아동의 환경과 발달 상황을 종합적으로 평가
- 피해 아동의 심리적, 정서적 상태를 면밀히 파악

피학대 아동과 가족 상담 및 지원
- 피학대 아동과 가족을 이해하고 존중하는 관점에서 상담 제공
- 상담을 통해 아동과 가족이 어려움을 극복하고 성장할 수 있도록 지원
- 특히 아동이 안전하게 성장할 수 있도록 돕는 것에 중점

편안하고 안전한 상담 환경 조성
- 피학대 아동과 가족에게 편안하고 안전한 상담 환경 제공
- 신뢰 구축과 개인정보 보호에 주의를 기울임

법원 및 기관과의 협력
- 아동보호 관련 사건에 대해 법원과 긴밀히 협력
- 필요한 경우 법원에 관련 자료를 제출
- 사회복지기관, 의료기관 등과 협력하여 아동복지 서비스 조정

상담 기술과 지식 갖추기
- 상담 기술과 아동학대에 대한 지식 확보
- 슈퍼바이저의 지도, 지속적인 교육과 자기계발을 통한 전문성 유지

윤리적 책임: 신고 및 대응

- 피학대 아동의 이익과 안전을 최우선으로 생각, 신뢰구축

- 피학대 아동과 가족을 위해 전문적인 지원 제공

- 상황에 따라 즉각적인 보호 조치

아동학대 피해아동 상담 시 주의사항을 정리하면 다음과 같습니다.

아동학대 피해아동 상담 시 주의사항

피해아동 보호와 안전 최우선
- 피해아동의 안전과 보호가 가장 중요한 사항이 되어야 합니다.
- 피해아동의 신변 안전과 심리적 안정을 최우선적으로 고려해야 합니다.

비밀보장 및 프라이버시 존중
- 피해아동과 가족의 개인정보와 사생활을 엄격히 보호해야 합니다.
- 상담 내용의 비밀이 유지되도록 주의해야 합니다.

공감적이고 이해하는 태도
- 피해아동과 가족을 이해하고 공감하는 태도로 상담해야 합니다.
- 비난이나 판단이 개입되지 않도록 주의해야 합니다.

법적 지식
- 아동학대와 관련된 기본적인 법적 지식

- 아동보호법, 아동학대처벌법 등에 대한 이해 필요

상담 기술

- 지식과 기술, 아동이 이해할 수 있는 언어 사용

- 감정이나 경험에 대해 직접적인 질문보다는 개방적이고 비유적인 언어 사용

피해아동 중심

- 피해아동의 안전과 복지를 최우선으로 고려

- 피해아동의 의견을 존중하고, 그들의 이익을 위해 노력

객관적 태도 유지

- 상담사의 주관적인 견해나 가치 판단은 최소화

- 내담자의 상황과 필요에 맞게 대응

신고 의무

- 상담사는 아동학대 사실을 접수하게 되면 신고 의무가 있으므로 효과적인 조치

아동학대 행위자 상담 시 유의해야 할 점은 다음과 같습니다

아동학대 행위자 상담 시 주의사항

비판적 태도 지양, 편안한 분위기 조성
- 행위자가 마음을 열고 변화할 수 있는 분위기 조성

행위자의 체벌, 아동학대에 대한 인식의 변화

• 체벌에 대한 인식 변화와 적절한 양육 방법 안내

• 신체 학대 외 정서 학대, 방임 등 다양한 아동학대 유형에 대한 교육

가족 구성원에 대한 상담 제공

• 피해아동과의 관계 회복 지원

• 다문화 가정의 새로운 유형 아동학대에 대한 대처

법적 지식 및 신고 의무 숙지

• 아동보호법, 아동학대처벌법 등 관련 법규 이해

• 아동학대 신고 의무 준수

피해아동 중심의 상담 실시

• 피해아동의 안전과 복지를 최우선으로 고려

• 피해아동의 의견 존중 및 이익 보호

장기적 관점의 목표 설정 및 자원 활용 독려

• 단기적 변화가 아닌 장기적 행동 변화와 재발 방지 지향

• 행위자의 자기 변화와 가족 관계 개선을 위한 자원 활용 독려

02

학대 행위자와 학대 피해아동의 특성 🏛

학대 행위자의 특성

아동학대는 고대 사회부터 존재해왔던 문제이며(김미정, 염동문, 이경은, 2013), 현재에도 전 세계적으로 당면한 과제로 남아있습니다. 일부 부모들은 아동을 자신의 소유물로 여기며 학대해왔고(Elkind, 1999), 아동의 고유한 가치와 존엄성이 온전히 인정받지 못했습니다.

아동학대에 대한 사회적 관심은 Kempe(1962)의 <Battered-Child Syndrome> 연구 발표를 계기로 시작되었습니다. Kempe와 Helfer(1972)는 의학적으로 설명할 수 없는 아동의 골절과 손상을 발견하고, 이를 아동을 돌보는 사람의 행위나 태만으로 인한 신체적 손상으로 정의하였습니다. 이를 계기로 '피학대 아동 증후군' 개념이 소개되었고, 아동학대 금지법 제정을 위한 움직임으로 이어졌습니다.

1989년 유엔은 <UN 아동 권리협약>을 채택하면서, 아동을 권리의 주체로 인정하게 되었습니다. 한국에서도 1991년부터 아동학대 방지와 피해 아동 지원을 위한 정책적 노력이 시작되었습니다.

그러나 아동학대 예방을 위한 다양한 정책적 노력에도 불구하고, 아동학대는 여전히 감소하지 않고 있습니다. 몇몇 연구에서는 아동학대의 원인으로 다음과 같은 요인들을 보고한 바 있습니다.

아동학대의 원인

경제적 어려움, 무직상태
- 아동학대가 발생하는 가족에서는 경제적 어려움이나 보호자의 무직 상태, 사회적 단절 등이 자주 발견됨
- 높은 실직률과 낮은 월 소득 등은 아동학대의 주요 영향 요인으로 볼 수 있음(지주예, 2001)

부모의 나이와 학력 수준
- 부모의 나이가 어리고 학력 수준이 낮은 경우 아동학대 발생 비율이 높아짐
- 이는 아동의 발달과 상황에 대한 이해와 인내심이 부족한 것으로 보고됨 (Miller, Fox, & Garcia-Beckwith, 1999; Wolfe & Wekerle, 1993)

자녀의 요구에 대한 대응 어려움
- 자녀의 반응을 억압하거나 통제하는 방식으로 대처하거나, 자신의 신념을 강요하는 경우 문제가 발생
- 이때 행위자는 '훈육'이라는 신념으로 체벌을 하게 되며, 이는 결국 학대로 이어질 가능성이 있음(노충래, 2002)

이와 같이 경제적 어려움, 부모의 특성, 자녀와의 상호작용 등이 아동학대 발생의 주요 요인으로 확인되고 있습니다.

또한 아동학대는 세 가지 유형으로 다음과 같이 분류할 수 있습니다.

아동학대의 세 가지 유형

• 신체학대

보호자를 포함한 성인이 아동에게 우발적인 사고가 아닌 상황에서 신체적 손상을 입히거나, 신체 손상을 입도록 허용한 모든 행위

• 정서학대(또는 언어적, 정신적, 심리적 학대)

보호자를 포함한 성인이 아동에게 행하는 언어적 모욕, 정서적 위협, 감금이나 억제, 기타 가학적인 행위

• 성학대

보호자를 포함한 성인이 자신의 성적 충족을 목적으로 18세 미만의 아동에게 행하는 모든 성적 행위

학대 피해아동의 특성

보건복지부의 2022년 아동학대 통계에 따르면, 학대행위자와 피해아동의 관계 중에서 부모에 의한 아동학대가 전체 발생 건수(2만 7,971건) 대비 82.7%(2만 3,119건)로 가장 높았습니다. 또한 아동학대 발생 장소는 88.3%(2만 2,738건)가 가정 내였습니다(위키트리, 2024). 이와 같이 부모에 의한 가정 내 아동학대가 대다수를 차지하고 있는 것으로 나타났습니다. 이에 따라 학대 피해아동의 주된 특

성은 다음과 같습니다.

```
학대 피해아동의 주된 특성

• 어려움이 있을 때 쉽게 포기하는 위축적 행동

• 수동적이며 순종적인 태도

• 호기심이나 탐구심의 상실

• 우울감이나 무기력증

• 말없이 조용하고 움직임이 적음

• 극도의 수줍음과 소심증
```

　　이러한 특성들은 학대 피해로 인한 아동의 심리적, 정서적 상처를 반영하고 있습니다. 이러한 특성들을 이해하고, 피해아동을 지원할 때 이들의 심리적 상황을 충분히 고려하여 접근해야 할 것입니다.

　　아동학대 사례에서 피해아동을 위한 주요 조치는 다음과 같은 방법으로 이루어집니다. 이러한 조치들은 피해아동의 안전과 원활한 회복을 위해 매우 중요합니다.

```
피해아동의 주요 조치

• 보호시설 및 의료시설 인도

피해아동을 안전한 보호시설이나 의료시설로 인도
```

- **치료위탁, 가정위탁 등 학대행위자 임시조치**

아동의 안전을 위해 학대행위자에 대한 임시조치

- **제지 및 격리, 접근금지**

학대행위자를 피해아동으로부터 제지하고 격리하며, 접근을 금지

- **친권 등 권한 행사 제한**

학대행위자의 권한을 제한하여 피해아동을 보호

- **상담 및 교육 위탁**

피해아동에게 상담과 교육을 제공

- **사례관리**

피해아동의 상황을 지속적으로 관리하며, 상담, 의료지원, 심리치료, 학습 지원, 수사 및 증거지원, 사회복지서비스 연계 등을 제공

찾기쉬운 생활법령정보(2024).
https://www.easylaw.go.kr/CSP/OnhunqueansInfoRetrieve.laf?onhunqnaAstSeq=89&onhunqueSeq=5184

이러한 다양한 조치들은 피해아동의 안전과 회복을 위해 매우 중요합니다. 관련 전문가들의 체계적인 개입과 지원이 필요합니다.

03 학대 행위자와 학대 피해아동의 사례: "엄마처럼 성공해야지?!"

이 장에서는 아동학대 행위자와 피해아동에 대한 상담 사례를 소개하고자 합니다. 가상의 사건을 통해 상담 과정을 구체적으로 살펴봄으로써, 실제 상담 현장에서 어떻게 접근할 수 있는지 알아보겠습니다.

엄마처럼 성공해야지?!

- **가족관계: 아버지, 어머니(학대 행위자), 첫째 딸(피해아동, 10대 여고생), 둘째 아들**

폭력범죄의 동기와 경위

피해자는 과거에도 동생에게 폭력을 경험했고, 이번에도 어머니의 편애와 부당한 체벌에 대한 불만이 쌓여 있었습니다. 이로 인해 물건을 던지는 등 거친 행동을 보였습니다. 행위자인 어머니는 피해자의 행동을 훈육하려 했지만, 피해자가 이를 거부하자 폭력적으로 대응했습니다. 행위자는 피해자가 모범적이지 못하다고 생각하며 동생까지 문제 행동을 한다고 비난했고, 이에 과도한 체벌을 가하려 했던 것으로 보입니다. 이처럼 피해자와 행위자 간의 갈등이 누적되어 폭력적인 상황으로 이어졌습니다. 이 사례에서는 부모－자녀 간 의사소통 부재, 편애, 부적절한 훈육 방식 등이 주요 요인으로 작용한 것으로 보입니다.

행위자 특성

행위자 김미연(가명)은 40대 여성으로, 공대 출신의 엘리트 코스를 거쳐 현재 창업회사 CEO로 일하고 있습니다. 그녀는 어린 시절 아버지로부터 책임감 있고 성실한 사람으로 살아가라는 강압적인 메시지를 받았습니다. 이러한 영향으로 그녀는 자신의 자녀에게도 매사에 책임감 있는 태도를 강조하며, 자녀를 자신처럼 '성공한 여성'으로 키우기 위해 잔소리를 많이 하는 편입니다. 즉, 행위자의 양육 방식은 자신의 어린 시절 경험으로부터 영향을 받은 것으로 보입니다. 그녀는 자녀에게 높은 기대와 엄격한 기준을 적용하고 있으며, 이로 인해 자녀와의 갈등이 발생했을 것으로 추정됩니다.

피해아동의 특성

피해아동 여민지(가명)는 10대 여고생입니다. 민지는 엄마의 엄격한 교육 방식 탓인지 뛰어난 인지력과 판단력을 지니고 있으며, 특히 그림 그리기에 남다른 예술적 재능을 보이고 있습니다. 하지만 심리적으로 불안정한 면이 있어 보입니다. 어떠한 일에 몰두하면 다른 상황을 돌아보지 못할 정도로 초몰입하는 경향이 있어, 목표에 도달하는 경우도 많지만 소진을 자주 경험합니다. 또한 노력하지 않는 경향이 있어 성적이 좋지 않은 과목도 있지만, 자신이 원하는 대학에 반드시 갈 것이라고 생각하고 있습니다.

민지는 뛰어난 지능에도 불구하고 의지가 약한 편이며, 앱소설이나 유튜브에 과몰입하고 밤을 새우는 경우도 잦습니다. 부모에게 명령조로 무엇이든 요구하는 경향이 있고, 기본적인 정리정돈도 하지 않는 편입니다. 그러나 집 밖에 나갈 때는 단정하게 단장하고 규칙을 잘 지키는 모범적인 학생의 모습을 보입니다.

상담 목표

행위자 김미연은 자녀들에 대한 애정과 관심이 많은 편입니다. 하지만 그녀가 중요하게 생각하는 삶의 가치, 즉 '성실하게 살아야지', '무엇이든 최선을 다해야지' 등을 고집스럽게 자녀에게 강요해 왔습니다. 이로 인해 부모-자녀 간 갈등이 격화되었던 것으로 보입니다.

이 사례에서는 행위자와 피해자의 소통 방식에 변화가 필요하며, 보다 기능적인 부모-자녀 관계 회복이 필요합니다. 이를 위해 다음과 같은 접근이 필요할 것으로 보입니다.

- 부모-자녀 간 소통 방식에 대한 점검
- 두 사람 간의 관계 패턴 분석
- 기능적인 관계로의 회복을 위한 노력

이를 통해 행위자와 피해자 간의 이해와 신뢰를 높이고, 건강한 부모−자녀 관계를 회복할 수 있을 것입니다. 이러한 접근은 향후 유사한 갈등 상황을 예방하고 긍정적인 변화를 이끌어낼 수 있을 것으로 기대됩니다.

상담 형태 및 소요시간

	소요시간	대상
1회기	1시간	행위자
2회기	1시간	행위자
3회기	1시간	행위자
4회기	1시간	행위자
5회기	1시간	부모상담
6회기	1시간	행위자
7회기	1시간	부모상담
8회기	1시간	행위자
9회기	1시간	부모상담
10회기	2시간	부모상담
11회기	2시간	부모상담
12회기	2시간	부모상담
13회기	1시간	부모상담
14회기	1시간	부모 상담
15회기	1시간	행위자
16회기	2시간	부모상담

(핵심적인) 상담 내용

1회기: 행위자 상담

피해자인 딸은 초등학교 저학년까지는 모범적이었으나, 그 이후 사춘기가 심하게 왔다고 합니다. 특히 부모가 동생에게 더 집중하거나 자신의 편을 들어주지 않을 때면 억울한 감정을 과도하게 표출했다고 합니다.

행위자의 양육 태도를 살펴보면, 남편이 감정적이고 훈육을 못해 대부분의 양육을 도맡았습니다. 행위자는 자녀에 대한 애정은 높지만, 자신의 신념과 가치관을 강요하는 측면이 있었습니다. 또한 남편이 자녀 양육에 적극적으로 개입하지 못한 것도 가족 문제 심화의 원인이었다고 주장했습니다. 첫 회기 상담에서는 가족관계의 전반적인 상황을 파악하고, 내담자와의 라포 형성에 주력했습니다. 이를 통해 내담자의 부정적인 감정 표출이 이루어졌고, 향후 상담 목표 설정의 기초 자료로 활용했습니다.

2회기: 행위자 상담

행위자 김미연은 피해자인 딸이 자신의 방이나 욕실을 정리하지 못한다고 자주 비난했습니다. 또한 자녀가 학습이나 생활에서 문제가 생기면 폰을 압수하거나 와이파이를 차단하는 등 통제 방식을 사용했고, 이때마다 자녀는 소리를 지르거나 저항하며 갈등이 격화되곤 했습니다.

행위자는 자신의 말하는 태도가 사춘기 자녀에게 분노와 저항을 일으킬 수 있다는 점을 잘 인식하지 못했습니다. 대신 두 자녀의 행동이 잘못되었다거나, 남편의 양육이 부족하다고 비난하는 데 주력했습니다. 이러한 행위자의 태도는 자녀와의 갈등을 더욱 악화시켰을 것으로 보입니다. 행위자는 자녀의 입장에서 소통하고 이해하려는 노력이 부족했던 것으로 보이며, 이로 인해 건강한 부모-자녀 관계 형성에 어려움을 겪었던 것으로 판단됩니다.

3회기: 행위자 상담

행위자 김미연은 남편이 불필요한 가장의 권위를 세우지 않는다고 했습니다. 반면 남편은 자신이 강압적이고 통제적인 성격 이라고 늘 비난받는다고 토로했습니다. 또한 남편이 자녀를 보다 이성적이고 설득력 있게 양육하고 개입하지 못해 자신이 개입할 수밖에 없다고 했습니다.

상담사는 이에 대해 부모가 서로에 대한 비난을 멈추고 자신의 양육 방식을 객관적으로 성찰해야 한다고 강조했습니다. 또한 부모가 자녀 양육을 함께하여 입장이 일관되어야 부모의 권위가 회복될 수 있다는 점도 교육했습니다.

행위자 김미연은 성격적으로 강하고 신념이 완고한 편이어서 타인의 말을 수용하는 데 다소 어려움이 있어 보였습니다. 하지만 상담사의 교육과 조언을 귀담아 들었습니다. 이를 통해 부모 간 상호 비난을 줄이고, 일관된 양육 태도를 갖출 수 있도록 하는 것이 중요할 것으로 보입니다. 또한 행위자의 완고한 성향을 고려하여 점진적인 변화를 이끌어내는 것이 필요할 것으로 판단됩니다.

4회기: 행위자 상담

행위자 김미연은 대체로 자신의 문제를 회피하고, 배우자와 자녀 탓을 하는 경향이 있습니다. 자녀가 사춘기를 겪고 있다는 점을 인정하면서도 여전히 자녀의 문제라고 주장하곤 했습니다.

1-3회기의 탐색 결과, 행위자의 어머니가 자기주장이 강했고 갈등 상황에서 행위자가 종종 언성을 높이며 부모와 맞섰던 것으로

보입니다. 어린 시절 행위자는 집안 정리, 언성 높이기, 학습 등의 이슈로 부모에게 비난받는 것이 일상적이었던 것으로 추정됩니다. 이를 통해 행위자의 양육 태도와 대인관계 방식에 대한 단서를 얻을 수 있습니다. 자신의 문제를 회피하고 타인을 비난하는 행동 패턴은 어린 시절 경험으로부터 영향을 받았을 가능성이 있습니다.

이러한 배경을 이해하고, 행위자 자신의 성장 과정과 내면의 욕구를 탐색하는 것이 중요할 것입니다. 이를 통해 행위자가 자신의 문제를 직면하고 건강한 변화를 모색하고자 합니다.

5회기: 부모상담

최근 행위자 김미연과 피해자 여민지 사이에 갈등이 있었습니다. 주된 갈등 원인은 피해아동이 자신의 방을 정리하지 않는 문제였습니다. 피해아동은 자기 청소나 정리정돈에 부모가 간섭하지 말라고 고함을 쳤고, 행위자는 언성을 높이며 용돈을 줄이겠다고 협박했습니다. 이런 상황이 발생하면 피해아동은 문을 닫고 엄마와 소통을 단절하곤 했습니다.

이에 대해 상담사는 피해아동의 사생활을 존중해주고, 10대라는 예민한 시기를 기억해줄 것을 당부했습니다. 또한 행위자가 '딸이 게으르다', '정리정돈을 못한다'는 식의 비난을 하는 역기능적인 패턴을 기능적인 방향으로 변화시키기 위해 노력했습니다.

행위자 김미연은 상담사의 가이드를 일부 이해하고 인정하는 측면이 있었지만, 자신의 문제에서 완전히 벗어나기는 어려운 상태였습니다. 이를 통해 행위자가 자신의 문제를 직면하고 변화하도록 돕는 것이 중요할 것으로 보입니다.

6회기: 행위자 상담

행위자 김미연은 피해아동의 학습에도 과도하게 관여하며, 자신의 생각대로 따라와 주기를 바랐습니다. 성적에 대해 조바심을 내며 자녀를 심리적으로 압박하곤 했으며, 자신의 결정이 '옳다'고 믿으며 과하게 몰입하여 추진하는 경향이 있었습니다. 이에 대해 상담사는 '빈의자 기법'을 활용하여 행위자가 피해아동의 입장이 되어보도록 하였습니다. 이를 통해 행위자는 자신의 의견이 존중되지 않을 때 느낄 수 있는 불쾌감 등을 잠깐이나마 경험할 수 있었습니다. 이러한 경험은 행위자가 피해아동의 입장을 이해하고 공감할 수 있도록 돕는 데 도움이 되었을 것으로 보입니다. 이러한 경험은 행위자가 자녀의 입장에서 생각해볼 수 있게 함으로써, 자녀에 대한 과도한 통제와 강요를 완화하고 보다 건설적인 상호작용을 모색할 수 있는 기회를 제공했다고 할 수 있습니다.

7회기: 부모상담

행위자 김미연은 남편과 대화할 때 상대방이 자주 회피하거나 거부하는 태도를 보였습니다. 이에 대해 행위자는 무시당하는 기분이 들며 단절된 느낌이 든다고 토로했습니다. 이와 관련하여 상담사는 거트만 박사의 소통방식(비난, 방어, 경멸, 냉담)을 간략히 소개하고, 각자 변화가 필요한 소통의 영역에 대해 이야기를 나누었습니다. 또한 긍정적인 대화로 나아가기 위한 방안에 대해서도 교육했는데, 이는 비난 대신 부드럽게 요청하기, 방어 대신 자기 책임 인정하기, 경멸 대신 상대방을 이해하고 존중하기, 대화를 차단하고 냉담한 태도를 보이는 대신 상대방에게 다가가 말 걸기 등의 내용을 포함했습니다.

이러한 접근을 통해 행위자와 남편이 서로의 입장을 이해하고, 건설적인 소통 방식을 모색할 수 있도록 도왔습니다. 실제 일상생활의 예시를 활용하여 교육함으로써 보다 실질적인 변화를 이끌어내고자 했습니다.

8회기: 행위자 상담

행위자 김미연과 자녀의 소통 방식을 탐색하였습니다. 행위자는 어린 시절 아버지의 갑작스러운 사망을 겪으면서 책임감이 강해졌고, 자신의 감정을 타인과 나누는 것이 차단된 것으로 보입니다. 또한 친구가 거의 없고 혼자 일하는 경우가 많아 정서적 교류가 부족한 일상을 보내고 있는 것으로 파악되었습니다.

이와 관련하여 상담사는 행위자에게 자신의 정서를 어떻게 다루는 것이 필요한지, 정서 인식 및 표현의 중요성에 대해 알려주었습니다. 그리고 이러한 지식을 자녀와의 관계에서 적용해야 할 필요성도 언급하며, 일상에서 조금씩 실천해볼 수 있도록 격려하였습니다. 이를 통해 행위자가 자신의 정서를 이해하고 표현하는 방법을 익히도록 하였습니다. 나아가 이러한 변화가 자녀와의 관계 개선에도 도움이 될 수 있도록 연습하는 시간을 가졌습니다.

9회기: 부모상담

행위자 김미연과 피해아동 여민지의 갈등 사건에 대해 다루었습니다. 피해아동은 유치원 다닐 때까지 규칙을 잘 지키고 순응적이었지만, 초등학교에 가면서부터 반항적인 성격이 강해졌고 말을 듣지 않았습니다. 이에 행위자는 핸드폰을 빼앗고 와이파이를 끊는 등 강압적인 통제 방식을 활용했습니다.

상담사는 이러한 방식이 적절한지 논의하며, 어렵더라도 정서적 친밀감을 새롭게 구축하면서 규칙을 하나씩 만들어가야 한다고 강조했습니다. 또한 일방적으로 부모가 결정하는 것이 아니라서로 합의할 수 있는 선에서 규칙을 만들어야 한다는 점을 강조했습니다. 이를 통해 행위자와 피해아동 간의 관계를 개선하고, 보다 타협과 협력하는 방식으로 갈등을 해결할 수 있도록 하였습니다. 특히 강압적인 통제 방식에서 벗어나 상호 이해와 합의를 바탕으로 한 규칙 설정이 필요하다는 점을 강조한 것이 핵심이었습니다.

10회기: 부모상담

행위자 김미연은 딸이 학원이나 지하철에서 가끔 과호흡과 공황 증세를 겪는다고 호소했습니다. 정신과 진료를 통해 약물 처방을 받아왔지만, 정신적 문제가 학습에 방해가 된다고 크게 우려하고 있었습니다.

상담사는 우선적으로 피해아동이 처방을 잘 받고 가이드라인에 따라 약물을 복용하도록 하였습니다. 동시에 부모의 큰 우려가 자녀의 심리적 안정에 도움이 되지 않음을 알려주었습니다. 더불어 가족관계의 역기능적인 부분, 특히 소통 방식에 노력해줄 것을 제안했습니다. 이를 통해 자녀의 정신적 건강 관리와 더불어 가족 간

건강한 소통 방식을 모색할 수 있도록 하였습니다. 부모의 과도한 우려보다는 자녀에 대한 이해와 지지가 필요하다는 점을 강조했으며, 가족관계 개선을 위한 실질적인 방안을 제시했습니다.

11회기: 부모상담

행위자는 피해아동이 약물 치료를 지속하고 있다고 했습니다. 행위자가 약물치료까지 하게 된 이유는 자녀 학습에 대한 불안감으로 인한 것이었습니다. 상담사는 행위자가 자녀에게 온화한 태도를 갖고, 자녀가 심리적으로 불안하고 우울한 상태일 수 있음을 수용해주도록 하였습니다. 그러나 여전히 행위자는 자녀의 학습과 대학 문제에 대해 예민하게 반응하며, 반드시 명문대학 입학을 강요하는 강박적 사고와 태도를 지니고 있었습니다.

상담사는 이러한 강박적 사고와 태도가 자녀에게 전달되어 자녀의 우울과 불안을 더욱 심각하게 만들 수 있다는 점을 행위자가 인식할 수 있도록 하였습니다. 이를 통해 행위자가 자녀의 심리적 상태를 이해하고, 자녀에게 보다 이해하고 수용적인 태도를 갖출 수 있도록 시도했습니다. 또한 행위자의 강박적 기대가 자녀에게 미치는 부정적 영향을 깨닫도록 하여, 건강한 관계 형성을 위한 기반을 마련하고자 했습니다.

12회기: 부모상담

행위자 김미연은 부부갈등을 토로했습니다. 최근 남편이 좋아하는 장식품을 버리는 일로 크게 싸웠다고 했습니다. 남편은 그 장식품이 의미 있는 해외 구매품이라고 주장했지만, 행위자는 그것을 쓸데없는 물건으로 치부했습니다.

행위자는 자녀의 불안과 공황장애 문제에 마음을 쓸 겨를이 없었고, 부부관계에서 상대방을 비난하는 데 몰두했습니다. 상담사는 내담자가 속상했던 일에 대해 공감해주었으나, 여전히 자신의 의견을 밀어붙이는 성격에 대해서도 직면시켰습니다.

또한 상담사는 행위자와 함께 부모의 역할에 대해 되짚어보며, 현재 상황에서 행위자가 취해야 할 태도에 대해 탐색했습니다. 이를 통해 행위자가 자신과 가족들에게 도움이 될 수 있는 방향으로 나아갈 수 있도록 코칭하였습니다. 이 과정에서 행위자의 고집스러운 태도와 부부 갈등 문제, 그리고 자녀 돌봄에 소홀했던 점 등이 부각되었습니다. 이를 토대로 상담사는 행위자가 건강한 가족관계를 만들어갈 수 있도록 교육하였습니다.

13회기: 부모상담

행위자 김미연의 자기 주장은 끊임없이 반복되었습니다. 그는 배우자와 자녀가 잘못되었다고 단정 짓고 평가하곤 했습니다. 상담사는 이러한 행위자의 '사고 패턴'이 반복되고 있음을 직면시키면서도, 쉽게 변화되지 못하는 사실을 알려주었습니다. 동시에 지금까지 행위자가 노력했던 점들을 짚어주며, 구체적으로 자신의 어떤 '노력'이 어떤 '반응'과 '결과'를 가져왔는지 찾아보도록 하였습니다. 이를 통해 행위자가 자신의 사고 패턴과 행동 양식을 돌아볼 수 있도록 이끌었습니다. 변화가 쉽지 않다는 사실을 인정하면서도, 과거의 노력과 그 결과를 되짚어봄으로써 점진적인 변화의 가능성을 모색할 수 있게 하였습니다.

상담사는 행위자가 자신의 고정관념과 편향된 사고를 인식하고, 보다 유연한 태도와 접근방식을 찾아갈 수 있도록 도왔습니다. 이를 통해 가족 관계 개선을 위한 실질적인 변화의 계기를 마련하고자 했습니다.

14회기: 부모상담

자녀의 가족 규칙 설정 문제를 다루었습니다. 상담사는 협상 시 부모의 기대치가 너무 높으면 협상 자체가 어려울 수 있다는 점을 전달했습니다. 예를 들어, 자녀가 집에 늦게 들어오는 경우 행위자가 크게 분노했지만, 자녀는 12시 이전에 귀가했고 공부하느라 늦게 온 경우가 대부분이었습니다. 이후 행위자는 자신의 분노 반응을 성찰할 수 있었습니다.

상담사는 가족 규칙은 가족들의 요구가 적절히 조율되며 결정되어야 한다는 점을 알려주었습니다. 예컨대 냉장고에 포스트잇을 붙여 각자의 의견을 적어보고, 가족 회의를 통해 규칙을 만들어보도록 제안했습니다. 이를 통해 행위자가 자녀의 입장을 이해하고, 가족 간 협력적인 규칙 설정의 필요성을 인식할 수 있도록 하였습니다. 부모의 일방적인 요구가 아닌, 가족 구성원 모두의 의견이 반영된 규칙을 만들어가는 과정을 경험하게 함으로써, 보다 건강한 가족 관계를 구축할 수 있도록 도왔습니다.

15회기: 행위자 상담

행위자와 함께 지난 상담에서 다룬 갈등 문제 해결 방식과 이

번 사건에서 느낀 점들에 대해 이야기를 나누었습니다.

행위자는 자신의 문제를 온전히 직면하거나 강압적 사고에서 크게 벗어나기는 어려워 보였지만, 일차적으로 자신의 문제를 인식했다는 점에서 매우 큰 변화가 있었습니다. 따라서 상담을 마무리하는 시점에, 상담사는 행위자가 자신의 부족한 부분을 인정하고 노력하고자 했던 부분을 일상 사례를 통해 자세히 찾아나갔습니다. 이를 통해 행위자가 지속적으로 긍정적인 방향으로 변화할 수 있도록 격려하였습니다.

이번 상담 과정에서 피해아동이 참석하지 못해 온전한 가족 상담이 이루어지지는 못했지만, 행위자 개인의 변화 의지와 노력을 발견하고 강화하는 데 집중할 수 있었습니다. 향후 가족 구성원 모두가 참여하는 상담으로 이어질 수 있도록 기반을 마련했다고 볼 수 있습니다.

16회기: 부모상담

상담의 마지막 회기에는 행위자와 남편이 부모로서 어떤 태도와 역할, 신념을 가져야 할지 정리하였습니다. 특히 부모 역할에 관해 강점과 자원에 초점을 맞추어 살펴보는 데 주력하였습니다.

행위자는 자신의 투철한 의지와 위기 극복 능력, 그리고 문제 해결을 위한 적극성을 언급했습니다. 상담사는 이러한 행위자의 긍정적인 면모에 주목하며, 앞으로 부모－자녀 관계가 더욱 긍정적인 방향으로 나아갈 수 있도록 지속적으로 노력해줄 것을 당부하며 상담을 마무리했습니다.

상담 과정에서 행위자의 강점과 자원을 강조한 것은 향후 변화를 위한 동기부여와 자신감 형성에 도움이 되었을 것으로 보입니다. 또한 긍정적이고 수용적인 대화를 통해 부모-자녀 관계를 개선해 나갈 수 있도록 방향을 제시한 것이 핵심이었습니다. 이를 통해 행위자와 남편이 부모로서의 역할을 효과적으로 수행할 수 있도록 지원하고, 가족 관계의 긍정적인 변화를 이끌어내고자 했습니다.

심리와 처분에 관한 진단전문가의 의견

행위자 김미연은 자녀에 대한 애정이 높지만, 자신의 신념이나 가치관에 부합되지 않으면 강압적이고 위협적인 방식으로 대처하는 편이었습니다.

상담을 마친 시점에 행위자는 자신의 강압적인 태도와 공격적 성향이 문제가 있다는 것을 자각할 수 있었던 점이 다행스러운 부분이었습니다. 특히 상담사는 행위자가 자녀의 이야기에 귀 기울여주는 태도를 배울 수 있도록 하였습니다. 이는 기존의 "무조건 안 된다"는 입장에서 벗어나 자녀의 욕구(needs)를 이해하고자 하는 변화가 시작되었습니다.

비록 아직 부족한 점이 있지만, 행위자는 자신의 태도를 보다 긍정적인 방향으로 변화시켜나가기 위해 노력하고 있는 것으로 보입니다. 이는 상담 과정에서 행위자가 자신의 문제점을 인식하고 개선하고자 하는 의지를 보였다는 점에서 의미 있는 변화라고 할 수 있습니다.

상담사는 행위자가 자녀에 대한 이해와 수용적 태도를 기를 수 있도록 지속적으로 격려하고 지원하였습니다. 이를 통해 가족 관계의 긍정적 변화가 이루어질 수 있을 것으로 기대됩니다.

⚒ 조별 나눔

Q1 위 상담 과정을 종합적으로 평가해봅시다. 어떤 부분에서 상담적 개입이 적절했는지, 혹은 부족했다고 생각하는지 논의해봅시다.

Q2 아동학대 행위자 상담에서 상담사의 가장 중요한 태도는 무엇이라고 생각하십니까? 또한 피해아동 상담에서 가장 중요한 자질은 무엇이라고 생각하십니까?

참고문헌

김미정, 염동문, 이경은(2013). CART 분석을 활용한 아동학대 예측요인에 관한연구. 피해자학 연구, 21(1), 293-315.

김춘경(2016). 상담학 사전. 학지사.

노충래(2002) 아동 및 가해자의 특성에 따른 아동학대의 심각성 예측요인에 관한 연구. 한국아동복지학, 13, 123-154.

박정윤, 전영주, 강소현, 서정은(2020). 상담사가 지각한 면접교섭 서비스 실천의이슈 -건강가정지원센터의 이혼 사례들을 중심으로-. 가족과 가족치료, 28(2), 183-206.

신영미, 진미정(2021). 이혼 후 자녀와 비양육부모의 면접교섭에 양육부모의 동기 요인이 미치는 영향. 가정과삶의질연구, 39(1), 31-43.

윤대성(2010). 가족법강의. 파주 : 한국학술정보.

장현아(2008). 학대아동에 대한 상담 모델의 개관. 청소년상담연구, 16(2), 1-16.

전주람, 배일현, 배지홍, 신윤정(2023). 한국사회 면접교섭 제도 발전을 위한 연구: 면접교섭 제도 이용자와 면접교섭 제도 관련 전문가를 중심으로. 한국가족관계학회, 28(3), 49-79.

정미진(2015). 면접교섭권에 관한 연구. 성균관대학교 석사학위논문, 서울.

정왕부(2017). 내 나이의 성장을 위한 청소년 대화코칭. 푸른영토.

지주예(2001). 아동학대 가해부모의 특성에 관한 연구. 이화여자대학교 석사학위 논문.

최인희, 송효진, 배호중, 김은지, 배주현, 성경(2018). 2018년 한부모가족 실태 조사. 서울 : 여성가족부 가족지원과.

EBS 학교의 고백 제작팀(2013). EBS교육대기획 스스로 가능성을 여는 아이의 발견. 북하우스.

Elkind, D. (1999). Educational research and the science of education. Educational Psychology Review, 11(3), 271－287.

Ganong, L., Coleman, M., & McCaulley, G. (2012). Gatekeeping after separation nd divorce. In D. J. Puhlman, M. J. Coleman, & L. H. Ganong (Eds.), The social history of the American family: An encyclo－pedia (pp. 369－398). Thousand Oaks, CA: SAGE Publication Inc.

Kemp. A. (2001). 가족 학대 · 가족 폭력. 이화여자대학교 사회사업연구회 역). 파주 : 나남출판.

Kempe. C H., Helfer R. E. (1972). Helping The Battered Child & His Family, Philadelpia. J. B. Lippin Cott Co.

Miller B.,Fox, A. R., & Garcia－Bechwith, L.(1999). Intervening in severe physical abuse cases: Mental health, legal, and social services. Child Abuse & Neglect, 23(9), 905－914.

국가통계포털(2024). https://kostat.go.kr

국가법령정보센터(2024). https://www.law.go.kr

광주드림(2023). http://www.gjdream.com/news/articleView.html?idxno=629934

대한민국 법원 전자민원센터(2024). https://help.scourt.go.kr

매일신문(2023). https://www.imaeil.com/page/view/2023042715061067602

식품처널(2024). https://www.foodnews.co.kr/news/articleView.html?idxno=108393

연합뉴스(2023). https://www.yna.co.kr/view/AKR20230210142700530

위키트리(2024). https://www.wikitree.co.kr

찾기쉬운 생활법령정보(2024). https://www.easylaw.go.kr/CSP/OnhunqueansInfoRetrieve.laf?onhunqnaAstSeq=89&onhunqueSeq=5184

쿠키뉴스(2023). https://www.kukinews.com/newsView/kuk202311130281

THE FACT연예(2024). https://news.tf.co.kr/read/entertain/2073933.htm

저자소개

전주람(ramidream01@uos.ac.kr)

1979년 서울에서 태어났으며, 성균관대학교 가족학(가족관계 및 교육, 가족문화)으로 박사학위를 최종 취득하였다. 서울시립대학교 교육대학원 교수학습·상담심리 연구교수로 2017년 7월부터 2019년 6월까지 재직했으며, 현재는 서울시립대학교 교직부 소속으로 <심리검사를 활용한 심리치료>, <심리학의 이해>를 가르치고 있다. 아울러 서울가정법원 상담위원으로 2014년부터 최근까지 활동 중이며, 2022년부 터는 통일부 통일교육위원으로 활동하고 있다. 지속적인 연구 관심사로는 가족관계, 심리상담, 문화갈등, 남북사회통합 등이 있다. 주요 논문으로는 「50-60대 북한이주남성들의 일경험에 관한 질적사례연구: 일의 심리학 이론을 중심으로」, 「20대 이혼을 결심한 신혼기 부부에 관한 가족치료 사례연구」, 「북한이주민과 근무하는 남한사람들의 직장생활 경험에 관한 혼합연구」 등 60여 편이 있으며, 저서로는 『절박한 삶』(공저, 2021년 서울대학교 다양성위원회 선정도서), 『21세기 부모교육』(공저, 2023년 세종도서 학술부문 선정도서), 『북한이주민과 지역사회복지』(공저, 2024년 학술원 우수학술도서 선정도서), 『가족상담·부부상담』(공저, 2024), 『공감을 넘어, 서로를 잇다』(공저, 2024) 등이 있다. 2016년 KBS 〈생로병사의 비밀 : 뇌의 기적〉 600회 특집에 부부상담사로, 2021년 KBS통일열차 일요초대석, 2024년 BBC Korea에 출연하였다.

한혜현(dakhan@nate.com)

1965년 충청남도 홍성에서 태어났으며, 1984년에 성균관대학교 수학교육과에 입학하였으나 80년대 시대적 상황상 뒤늦게 학업을 마쳤다. 논노 노조위원장을 거쳐 1992년 대통령 선거 이후 내일신문 기자 겸 내일여성센터 서울사무국장(1995), 대구내일여성센터 회장(1996)을 역임하였고, 대구소년원, 미혼모 시설인 대구 혜림원(현재 문을 닫음) 등 공공기관, 기업, 학교 등에서 집단상담과 성교육, 성폭력피해자 상담을 하면서 본격적으로 상담을 만나게 되었다. 아동·청소년상담, 성상담을 하면서 개인상담도 필요하지만 가족상담이나 부부상담을 통해서 가족체계나 부부관계가 변화해야 아동·청소년 상담의 효과성을 높일 수 있다는 생각에 아우성센터(현 푸른 아우성, 2000), HD가족클리닉(2007)에서 상담을 배우면서 본격적인 가족상담, 부부상담을 시작했다. 서울불교대학원대학교에서 상담심리전공을 수료하고 2010년에 I&H심리치유센터를 개소하여 부부상담, 가족상담, 개인상담을 해오며, 2012년부터는 서울가정법원 상담위원으로 현재까지 활동하고 있다. 2013년부터 '친밀한 관계를 위한 부부워크숍' 프로그램을 개발하여 종로구건강가정지원센터(현 종로구가족센터), 마음치유학교 등에서 총 400여쌍 부부 대상 집단상담을 진행하였다. 2015년에는 '친밀한 관계를 위한 부부워크숍'으로 종로구건강가정지원센터와 함께 서울시 주민참여사업 지원을 받기도 하였다. '동작중심 표현예술 집단상담 프로그램'도 개발해서 KT, 아산경찰교육원, 중림복지관(장애 아동 부모) 등 기업, 학교에서 집단상담을 진행하였고, 2016년 12월 한국상담심리학회 학술대회 에서 동작중심 표현예술을 부부상담에 적용한 사례 발표를 하기도 했다. 2020년부터 2021년에는 서울가정법원 상담위원협의회 회장을 역임했다. 가족상담사(2009. 한국가족상담협회), 상담심리사(2012. 한국상담심리학회), 게슈탈트치료 전문지도자과정 수료, PREPARE－ENRICH국제공인상담사(2013. ENRICH KOREA 한국본부), 동작중심표현예술 Tamalpa Practioner 수료(2011. Tamalpa Institute), 국제공인 SEP(Somatic Experiencing Practitioner, 2019, Somatic Experiencing Trauma Institute) 과정을 통해서 다양한 임상경험과 상담의 전문성을 키워왔다. 저서로는 『복지부 국민건강보험공단 정책연구원 장기요양가족 상담지원프로그램 매뉴얼』(공저, 2016년), 가족상담·부부상담(공저, 2024년)이 있다. 현재 종로구 인왕산 자락에서 I&H 심리치유센터(2010년)를 운영하며, 서울가정법원 가사사건 상담위원(2011년), 서울가정법원 아동보호 사건 상담위원(2016년) 등으로 활동하면서 이혼위기 부부상담, 트라우마 상담, 가정폭력 아동학대 등 위기 가족상담 등을 진행하고 있다.

법원상담의 실제: 청소년 위탁보호, 면접교섭 제도, 후견 상담 및 아동학대

초판발행	2025년 1월 3일
지은이	전주람 · 한혜현
펴낸이	노 현
편 집	조영은
기획/마케팅	조정빈
표지디자인	Ben Story
제 작	고철민 · 김원표
펴낸곳	㈜ 피와이메이트
	서울특별시 금천구 가산디지털2로 53, 210호(가산동, 한라시그마밸리)
	등록 2014. 2. 12. 제2018-000080호
전 화	02)733-6771
f a x	02)736-4818
e-mail	pys@pybook.co.kr
homepage	www.pybook.co.kr
ISBN	979-11-7279-036-3 93180

copyright©전주람 · 한혜현, 2025, Printed in Korea

정 가   15,000원

박영스토리는 박영사와 함께하는 브랜드입니다.